本书是上海社会科学院创新工程
"国际智库发展趋势和中国特色新型智库建设研究"的成果

本书的研究和出版得到
上海社会科学院智库建设基金会的支持

唐 涛 杨亚琴 李 凌 等著

中国特色新型智库高质量发展实践

—— 中国智库报告
（2018—2020）

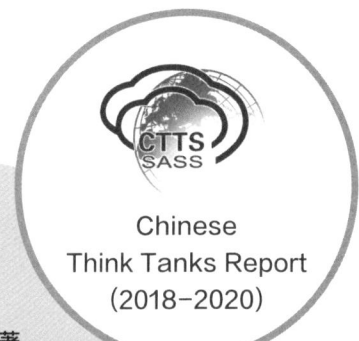

Chinese
Think Tanks Report
(2018-2020)

PRACTICE OF HIGH-QUALITY DEVELOPMENT OF NEW
TYPE THINK TANKS WITH CHINESE CHARACTERISTICS

智库研究中心简介

上海社会科学院智库研究中心(Center for Think Tank Studies)成立于2009年,是全国第一家专门开展智库研究的学术机构。智库研究中心的使命是顺应现代化智库发展新趋势,立足中国实际,紧紧围绕智库发展的重大问题做好智库研究和智库产品转化,建立与国内外重要智库的联系,为推进中国特色新型智库建设服务。

智库研究中心创办者,上海市第十届政协副主席、上海社会科学院原党委书记、院长王荣华教授等一批学者较早开展社会主义新智库的理论研究与实践探索,率先提出上海社会科学院构建国内一流、国际知名的社会主义新智库的目标。10多年来,在各界领导、智库界同仁的关心支持下,在一批批同志的接续努力下,智库研究中心逐步形成《中国智库报告》《上海新智库专报》以及"当代国际智库译丛""上海全球智库论坛"等一系列品牌成果。

自2014年以来,智库研究中心连续8年发布《中国智库报告——影响力排名与政策建议》,成为中国智库研究领域关注度高、影响力大的报告之一。其中,《2016年中国智库报告》(英文版)、《2017年中国智库报告》(英文版)、《中国智库报告——影响力排名与政策建议(2013—2017)》(英文版)和《2018年中国智库报告》(英文版)分别在英国伦敦、美国加州、荷兰莱顿发布,这是我国最早在海外发布的中国智库报告,引起了国内外的广泛关注。

2010年,智库研究中心开始组织编写和翻译一系列全国最早的智库研究著作,如《智库、公共政策和专家治策的政治学》《中国智库竞争力建设方略》《国际著名智库研究》《新智库的探索与实践》《思想的力量:中国智库案例集萃》《思想的版图:全球智库发展概览》等。2016年起持续推出"当代国际智库研究译丛",现已出版《美国与欧盟智库:华盛顿与布鲁塞尔政策研究机构比较》《新保守主义智库与美国外交政策》《智库的催化作用:转型国家的改革之路》《北部之光:加拿大智库概览》《智库能发挥作用吗?——公共政策研究机构影响力之评估》《欧洲智库政治》。

《上海新智库专报》是连通专家学者和决策层的重要桥梁和纽带,是智库产品转化的重要平台和载体,直报上海市领导决策参考,获得了中央、国家部委和上海市领导的大量肯定性批示。

"上海全球智库论坛"是智库研究中心着力打造的国内外智库研究者交流思想、沟通情况的重要平台,已举办5届,成为智库界的一大盛事。

中国智库建设的春天和黄金发展时期已经到来,为适应国家高端智库建设的新形势新要求,中心将继续聚焦智库前沿性、前瞻性和重大战略性问题研究;充分发挥上海社会科学院国家高端智库的影响力,积极组织、参与各种形式的国内外智库交流合作;立足上海、面向全国和世界,持续推出一系列连续性、原创性兼具影响力的智库研究成果,继续为建设面向现代化、面向世界、面向未来的中国特色新型智库贡献力量。

前　言

党的十八大以来,习近平总书记多次批示、指示要求加强中国特色新型智库建设,中央出台了一系列文件推进中国特色新型智库体系建设。2015年1月,中办、国办印发了《关于加强中国特色新型智库建设的意见》,首次全面系统地提出了中国特色新型智库体系的建设方案。2015年11月,中宣部印发了《国家高端智库建设试点方案》,作为落实中国特色新型智库建设的首要重大工作。几年实践下来,中国特色新型智库建设取得了长足进步。

当前,中国处于"两个一百年"交汇期,而世界正处于分化、组合、重构的百年未有之大变局。面对中国新发展和世界大变局所带来的挑战,中国特色新型智库的任务更加繁重。如何更好地为中华民族伟大复兴提供智力支撑,需要中国智库提供高质量的产品和人才。因此,中国智库应坚持走高质量发展道路,进入高水平发展阶段。

上海社会科学院智库研究中心成立于2009年,是全国第一家专门开展智库研究的学术机构。成立以来,持续跟踪中国智库发展进程,发布年度《中国智库报告》,围绕中央对中国特色新型智库提出的高质量发展要求,通过梳理中国智库的实践,向决策者、智库界同行和广大读者展现中国智库发展的动态、特征、经验与趋势,并为推进中国智库更好发展提出对策建议。

在中国智库不断向前发展的新形势下,特将2018—2020年的三份《中国智库报告》汇集起来整合完善,以全面展示过去一段时间中国智库的发展历程与重要特征。三份报告既是各自独立的,又是一脉相承的。

其中,本书第二章是《中国智库报告(2018年)》的主体,以"改革开放40年与中国智库发展"为主题,结合中国改革创新与转型发展对智库建设的实际需求,通过实地走访调研国内重要智库,广泛收集中国智库的发展信息,力求全面地观察和评估改革开放40年来中国智库发展的四个重要阶段,客观、准确地展现2018年度中国智库的发展动态、特点及其影响力。

第三章是《中国智库报告(2019年)》的主体,以"国家治理现代化与智库建设现代化"为主题,根据国家治理体系与治理能力现代化对智库建设的要求,对中国智库的发展图景进行"大写意"和"工笔画"式的描绘。"大写意"全景式展示2019年度中国智库发展的概况,"工笔画"则对中国智库发展动态和特点进行盘点和挖掘,以期全面清晰地展现中国智库现代化建设的进程,以及智库通过发挥咨政建言、理论创新、舆论引导、社会服务、公共外交等功能在促进国家治理现代化进程中的重要作用。

第四章是《中国智库报告(2020年)》的主体,以"迈向高质量发展新阶段"为主题,全面回顾党的十八大以来中国特色新型智库体系建设所取得的成就,指出在世界百年未有之大变局和中国发展新阶段的背景下,中国智库将从"建起来""多起来"转向"强起来"的新发展阶段,从完善体系架构的"1.0阶段"转向高质量发展的"2.0阶段"。中国特色新型智库在新发展阶段必然引时代之先,以自身的高质量发展影响中国

前 言

和世界。

中国特色新型智库的发展虽然取得了不小的成就,但面对国内外各种问题与挑战,还要补齐研究、人才、管理、技术应用、传播等方面的短板。为此,本书也建议中国智库要创新发展理念、潜心专业研究、强化科学管理、培养复合人才、善于应用技术、加强对外传播。

中国特色新型智库有其深厚的历史积淀,它来源于改革开放伟大事业对国家发展战略和政策的智力需求。中国特色新型智库有其强烈的现实价值,它是国家治理体系与治理能力现代化的应有之义。中国特色新型智库有其广阔的发展前景,它是助力中国进入高质量发展新阶段的重要驱动。从本书中可以看出中国特色新型智库发展的历史经纬和未来趋势。

本书由唐涛、杨亚琴、李凌、张鹏飞、周亚男、王贞等撰写。在三份报告的研究过程中得到王荣华、权衡、王德忠、洪民荣、黄仁伟、干春晖、王世伟、李轶海等领导和专家的大力支持和悉心指导,在此表示衷心的感谢!

我们还要感谢杨逸淇、谢华育、王成至、常亚青、孙小雁、薛泽林、王立伟、高小伍、唐亚汇、陈雨川、张然宇、惠佩瑶、蔡峰、程金敏、张予新、常瑞楠等老师和研究生,他们在过去三年报告的研究中提供了宝贵智慧,搜集并分析大量资料!

上海社会科学院智库研究中心和年度《中国智库报告》一直得到智库界同仁的关心和关注,在此亦表示衷心感谢!

限于我们的学识和能力,书中难免存在疏漏与不足,恳请读者批评指正。

2022 年 3 月

目 录

前言 ... 1

第一章 从古代智囊到现代智库 ... 1
第一节 中国古代智囊 ... 1
第二节 现代智库角色 ... 2

第二章 改革开放 40 年与中国智库发展 ... 7
第一节 改革开放 40 年中国智库发展阶段 ... 8
第二节 2018 年中国智库发展动态 ... 18
第三节 中国特色新型智库发展趋势展望 ... 40

第三章 国家治理现代化与智库建设现代化 ... 43
第一节 国家治理现代化进程中的智库建设 ... 44
第二节 2019 年中国智库发展图景 ... 56
第三节 2019 年中国智库发展动态 ... 76

第四章 中国智库迈向高质量发展新阶段 ... 93
第一节 党的十八大以来中国智库发展 ... 94
第二节 2020 年中国智库发展图景 ... 105
第三节 2020 年中国智库发展动态 ... 114

第五章　中国智库高质量发展建议　124
  第一节　当前中国智库高质量发展存在的主要问题　125
  第二节　当前中国智库高质量发展的对策建议　129
附录
  中国智库发展大事记（2018—2020 年）　137
  全国部分省份重点智库、培育智库名单　157

第一章 从古代智囊到现代智库

第一节 中国古代智囊

在中国古代,没有"智库"或者"思想库"这一说法,也不存在真正意义上的具有组织化和制度化特征的智库机构,但古代先贤们凭借在自然地理、天文历算、农经医学、军事谋略等方面的聪明才智,以智辅政、以智启民。

春秋战国是思想和文化灿烂辉煌的一个时代,出现了儒家、道家、墨家、法家、兵家等诸子百家争鸣之盛况,用今天的话语体系来说,就是一个竞争相对充分的思想市场,君王们招揽天下门客,为其出谋划策,被后世追溯为中国最早的"智囊团"。

在历史的演进中,从先秦时期的博士议政制度到魏晋南北朝时期的门客制度,再到唐宋时期的谏官系统、翰林制度,及至明清时代的幕府组织等,构成了中国古代"智囊制度"的主体。中国古代的智囊制度为维护历代封建王朝统治以及社会稳定发挥了重要作用。

各朝代智者不断变换着身份,以门客、养士、谋士、师爷、幕僚、幕宾、言官、谏议大夫以及翰林等,承担着以智辅政、以智启民的职能,为实践"经世致用""学而优则仕"的价值理念开辟道路。在"合久必分、分久必合"的王朝兴衰中总是闪烁着智囊的身影,响彻智者的声音。历朝历代政治的开明化和政治制度的有序化,都离不开智囊群体的辅佐。

尽管古代的智囊制度有着浓重的人身依附关系,而且在决策的科学性、民主性、法治性等方面与现代智库不可相提并论,但是仍有大量的文化瑰宝值得现代智库学习与借鉴,而且只有在扬弃的观点下,把中国优秀传统文化与现代智库的理论和方法有机结合起来,才能更好地继承古代先贤们留下的历史遗产。

第二节　现代智库角色

现代意义的"智库"起源于20世纪早期的美国,是向政府部门提供决策建议的组织。知识群体以社会科学研究人员、教师、科学家、工程师等身份出现,形成了不同类型和专业特色的智库。长期以来,智库在世界各国政府决策过程中发挥着巨大作用,在社会上的影响力日渐广泛,成为影响公共社会的一股强大力量。

新中国最早的政策研究机构大概可以追溯到延安时期的中央党校,其前身是1933年3月创办于江西瑞金的马克思共产主义学校,1935年随中国工农红军长征到达陕北后改称为中央党校,1937年迁入延安,北平解放后迁往北平。

中华人民共和国成立之初,百业待兴,中国仿照苏联的研究机构体制,组建了自己的政策研究机构,一些隶属于政府部门的研究机构相继成立。中国科学院等研究机构大多为军工和国防科技服务,哲学社会科学原本也是作为科学研究的一部分加以发展的。后来,哲学社会科学院从科学院的建制中分离出来,促使自然科学与哲学社会科学的分野。但从严格意义上讲,改革开放之前的政策研究机构并不能被称为"智库"或者"思想库",因为它们只是政府机关下属的一个部门,"断"与"谋"的功能并未分开。

改革开放后,随着中国经济社会发展面临诸多政策性问题越来越复杂,中央制定改革方案时需要大量的政策智囊和分析研究者,中国迎来了智库发展的第一个"活跃期"。

进入20世纪90年代后,中国的改革开放进入攻坚阶段,对政策研究的需求也不断增加,从而驱动中国智库发展进入第二个"活跃期"。

进入21世纪后,随着中国国家经济实力的快速增长,为了适应日益激烈的国际战略竞争的需要,智库发展进一步得到了国家高层领导的关注和重视。面对百年未有之大变局,中国比以往任何一个阶段都更需要在内政和外交中发挥智库的作用。

一、智库是思想库

智库是思想库,作为新思想的创造者,是一个国家软实力和国际话语权的重要塑造者。随着全球化向纵深发展,智库的理性与智慧为世界所需要。智库通过发起或参与议题研讨,发挥着推动政策过程和咨政建言的重要作用。

一是借助于"政策群体"和"议题网络",快速形成共识,推动展开政策过程。智库通过与政策制定者之间的互动、与媒体大众之间的互动,组织召开各类座谈会、发布会、内部研讨会,举办国际国内论坛将研究成果传播出去,目的在于促使各利益主体达成共识,推动公共政策形成并落地,从而实现智库的公益性价值诉求。在具体方式上,又可分为两类:一类是通过形成"政策群体",智库与少数对于公共政策有决策权的群体进行接触和互动,客观中立地表达自己的思想、观点和立场,以智力贡献积极参与到全球事务发展、国家关系演变、国内社会经济等众多公共政策制定、评估与转变等活动之中,发挥咨政功能;另一类是通过形成"议题网络",智库引领公众和媒体参与到相关议题的广泛讨论之中,由此而形成在公共知识场域内的话语权,运用智库在议题研究中的前瞻性、战略性和全球性的思维方式,发挥智库启发民智的功能。无论是"政策群体"还是"议题网络",智库不仅要能巧妙地引导公共政策走向,而且还要擅于创造议题,转危为机,变"山穷水尽"为"柳暗花明"。

二是专业性议题与时效性议题并举,持续扩大影响,形成智库核心能力。就智库研究的议题内容而言,也可以分为两类:一类是智库长期跟踪具有研究积累的专业性议题;另一类是即时发生的时效性议题。既要在专业性议题上厚积薄发,也要在处理时效性议题时游刃有余,这就需要跨学科、跨专业的研究团队和灵活多变的应对机制作为支撑。对专业性议题的长期关注和跟踪研究形成的品牌效应是一家智库区别于其他智库的重要标志;对时效性议题的快速反应则能帮助智库在政策制定者或者媒体面前始终保持较高的"出镜率",这种能力有赖于深厚的专业素养与研究底蕴。因此,专业素养和研究底蕴帮助智库在思想市场上拔得头筹,而时效性议题考验智库应对突发事件的快速反应能力,评论观点的精准性则考验智库的综合能力。

二、智库是行动者

智库不仅是思想库,还是行动者。为弥合知识与决策之间的鸿沟,智库在共同价值理念的指引下内嵌于一定的关系网络,发挥着"合纵"与"连横"的作用,推动国内政策实施,参与跨国合作,并逐渐形成了一个"政策网络"。政治经济的日益开放以及科技的不断进步为全球性政策网络的发展创造了条件。

首先,从国内政策网络来看,智库是21世纪提升国家治理能力的关键变量。政策网络形成的前提是政策参与者之间的互动,这种互动的过程不仅由发挥主导作用的正式制度安排,而且,政策网络中的一系列中观层次的问题,即关于政策制定结果、政策网络的结构形态,以及纳入这些网络的个人或团体之间的关系等,都涉及一个国家的非正式制度安排。以智库活动为代表的非正式制度在政策过程中发挥着催化与黏合的作用,能将参与决策的各方利益最大限度地考虑在内,为推动公共政策的共同治理提供了可能性。

其次,从国际政策网络来看,智库的跨国合作推动了各国政界、学界、业界与社会公众之间的沟通了解和利益认同。由于各国受制于不同历史文化的影响,加上政治体制与经济社会发展阶段的不同,对许多问题的认识理解肯定会有文化烙印。此时,智库作为桥梁、纽带、平台的功能和优势,就显得尤为重要和突出,智库之间的跨国合作就显得更加紧迫和必要。

智库之间的合作应秉持平等相待、开放包容、多元互鉴的原则,摒弃一切傲慢与偏见,朝着有助于推动各国共同发展、共享繁荣的方向发展。当然,在大国竞争加剧这样特定的语境下,智库的跨国合作面临更大的难度,这就需要智库有超常的勇气和胆色,真正站在谋求人类共同福祉的高度,寻求超越意识形态,超越眼前利益、局部利益的重大议题,以更长远、前瞻、战略的视角去把握智库的跨国合作,促进国家关系的改善。

第二章　改革开放 40 年与中国智库发展

2018 年是改革开放 40 周年。回首 40 年,从农村家庭联产承包责任制到城市经济体制改革,从创建深圳特区到加入世贸组织,从上海浦东开发开放到建设自由贸易区,从举办奥运会到世博会、进博会,从放权让利改革到建立现代企业制度,从建设社会主义市场经济到全面推进依法治国,从"让一部分人先富起来"到全面建成小康社会"一个都不能少",从沿海沿边开放到"一带一路"建设,改革开放就是一次次突破禁区、打破常规、革故鼎新、砥砺前行。

40 年来,智库与改革共生,一部改革开放的历史就是中国智库的发展史,每一项重大改革思路、方案、政策、举措的背后,都闪烁着智库的身影,律动着智库的智慧。智库建设与中国改革进程相契合,回应"时代之问",履行"智库之责",反映着思想变革与创新的力量。智库为改革而生,同时改革也为智库发展注入了动力和活力。"四十载惊涛拍岸,九万里风鹏正举。"在改革开放再出发之际,面对百年未有之大变局,中国特色新型智库建设当汲取 40 年智库发展的伟大成就和宝贵经验,勇立改革开放再出发的时代潮头,激发再出发的磅礴伟力。

本章是《中国智库报告(2018年)》的主要内容。

第一节　改革开放40年中国智库发展阶段

党的十一届三中全会重新确立了解放思想、实事求是的思想路线,在"百花齐放、百家争鸣"方针的引领下,中国提出了决策科学化、民主化的口号,科学家、工程师、教授、社会科学研究人员等共同组成类型多样、富于专业特色的政策研究机构,从不同角度关注、研究、解读、评估公共政策与发展战略。根据中国智库发展的不同特点,可划分为四个阶段。

一、第一个10年:解放思想引领下当代中国智库的兴起

随着改革开放大幕徐徐拉开,面向体制改革与外交事业发展的政策咨询需求日益迫切,党政军智库和社科院智库得到了(恢复性)迅速发展,出现了中国改革开放之后的第一批智库。譬如,1977年成立的中国社会科学院是中国哲学社会科学研究的最高学府和综合研究机构。1980年成立的中国现代国际关系研究所(现改名为中国现代国际关系研究院)直接为国家的国际问题和对外决策提供智力支持。20世纪80年代初,国务院先后成立了经济研究中心、技术经济研究中心、价格研究中心和农村发展研究中心,其中前3个机构在1985年合并为国

务院发展研究中心,成为国务院直属的政策研究和咨询机构。在地方层面,以上海社会科学院为代表,出现了地方社科院的相继复院或建院。

著名的真理标准问题大讨论,为这一时期的思想解放与决策咨询事业发展开辟了道路,吹响了中国思想市场建设的集结号。1978年5月10日,中央党校主办的《理论动态》发表了《实践是检验真理的唯一标准》一文。次日,《光明日报》以本报特约评论员名义全文转发。文章发表后,围绕文章的争论最终发展成为一场全国范围的关于真理标准问题的大讨论。这场大讨论超越了一般哲学问题的争论,是党在思想上、理论上一次根本性的拨乱反正,为具有历史转折意义的党的十一届三中全会的召开提供了思想条件、奠定了理论基础。这场真理标准问题的大讨论,对恢复党的实事求是思想路线,实现全党工作重点转移,起到了不可替代的作用。

改革最先从农村开始。1980年成立的中国农村发展问题研究组是中国智库的早期版本之一,在中央书记处研究室和中国社会科学院的支持下,该组成员四处调研,并把报告直接送给中央领导人,为1981年中央农村工作会议准备了系统全面的第一手调查数据。在"中国农村改革之父"杜润生的指导下,他们又于1982—1986年连续5年参与了中央关于农村"一号文件"的制定,对于家庭承包责任制在中国农村的推广和完善发挥了不可替代的重要作用,同时也形成了一支有实力的决策研究力量,培养了一批年轻人。他们都曾与杜润生一起在西黄城根南街9号院的中共中央农村政策研究室一起工作。此后,"9号院"开枝散叶,为中国经济体制改革研究所和中国农村发展研究所等一批颇具影响力的智库创立奠定了基础。

1984年9月3日—10日,在浙江莫干山举办了全国中青年经济科学工作者学术讨论会,史称"莫干山会议"。这不是一个自上而下官方发起的活动,而是自下而上"民间发起"、得到体制内机构和一些开明人士支持的会议。发起组织者创造性地调动各种社会资源,将大批名不见经传的学生、教师、研究人员、企业人员、军人,从中央到省、市、县,从中心到边远城市研究经济改革的青年人组织在一起,体现了会议参加者的草根性、广泛性和多元化特征。莫干山会议讨论的内容十分广泛,涉及企业改革、价格改革、股份制、金融市场、中心城市多功能、政府职能转变等一系列城市改革关键问题,彰显了改革开放初期中国学界独立的思考能力和追求真理的勇气。莫干山会议为"思想碰撞"提供了广阔的舞台和场景,也为后来的智库建设留下了宝贵的精神财富。

1986年8月15日,《人民日报》头版头条刊发国务院副总理万里的《在全国软科学研究工作座谈会上的讲话》,指出"软科学研究就是把科学引入决策过程中,利用现代科学技术手段,采用民主和科学的方法,把决策变成集思广益的、有科学依据的、有制度保证的过程,从而实现决策的民主化、科学化和制度化,以加快我国的现代化建设。""我们至今仍然没有建立起一整套严格的决策制度和决策程序,没有完善的决策支持系统,咨询系统,评价系统,监督系统和反馈系统。决策的科学性无从检验,决策的失误难以受到及时有效的监督。领导人凭经验拍脑袋决策的做法仍然司空见惯。政治体制改革的一个极为重要的方面,就是要充分发挥社会主义民主,真正实行决策的民主化和科学化。""树立新的科学的决策意识和决策方法,对决策体制来一番改革。要坚定不移地执行双百方针,创造民主、平等、协商的政治环境。"这次讲话首次提出要建立起一整套严格的决策制度和决策程序,推进决策的民主化和科学化,标志着中国知识界与政策咨询事业迎来了发展的春天。

在"解放思想、实事求是"的引领下,这一时期中国的思想领域发生着深刻变化。中央制定的各项改革方案、大量的政策分析,都由研究人员承担"智囊""顾问"的角色,为体制改革献计献策,政策研究方法与治策思路也逐步开始有针对性地从国外引入。在此背景下,中国智库发展出现了第一波"活跃期",党政军智库得到前所未有的发展与扩张,大量知识分子进入国家政策部门,甚至中南海参与决策制定和咨询,由此推动了国家层面智库的崛起。知识有了用武之地,专家群体为改革开放和社会主义建设提供了源源不断的智力支持。

二、第二个10年：社会主义市场经济体制改革阶段下中国智库的探索

1992年邓小平南方谈话和党的十四大召开,标志着中国改革进入了社会主义市场经济体制创立阶段。随着不断扩大开放,中国与世界的联系也越发密切。这一阶段的政策咨询需求主要是面向社会主义市场经济体制改革以及如何更好地融入世界经济,从国内研究议题看,主要有分税制改革、金融体制改革、国有企业改制、社会保障体系构建等；从对外开放涉及的议题看,加入WTO、中美关系、台湾问题等都是智库研究的重点。

20世纪80年代末90年代初,在改革开放的影响下,中国的一部分知识分子纷纷从国家机关和政策研究部门"走出来""下海",组建了中国第一批民间智库。1989年,由一些经济学家、社会活动家和企业家联合发起并创建了综合开发研究院(中国·深圳),后来发展成为首批国家高端智库建设试点单位中的一家社会智库；1990年,中国经济体

制改革研究会正式向民政部进行了社团登记,成为国家一级学会;1991年4月,具有社团法人地位的全国性涉外专业组织——中国国际公共关系协会成立;1991年11月,中国(海南)改革发展研究院成立,这是一家由政府和企业共同投资兴办,以转轨经济理论和政策研究为主,培训、咨询和会议产业并举的网络型、国际化、独立性改革研究机构;1992年,零点研究咨询集团成立,成为中国专业咨询研究市场的早期开拓者;1993年,安邦智库成立;之后,上海东亚研究所、上海福卡经济预测研究所相继成立。这些社会智库的出现,标志着智库主体多元化、市场化格局的开启。

20世纪90年代中后期,高校智库开始走向建制化,之前高校学者多以个体形式谋求对中国政策过程的影响,这一阶段政府为了获得高校的智力支持,依托高校力量建立了许多研究所或研究中心。高校智库蓬勃兴起,标志着中国智库体系多元化时代的到来。比如,1994年8月,北京大学创立中国经济研究中心(现改名为北京大学国家发展研究院);1995年3月,南开大学设立亚太经济合作组织研究中心;1999年,清华大学公共管理学院创办国情研究中心(现改名为清华大学国情研究院);2000年2月,复旦大学中国经济研究中心重建,同年10月被批准为"教育部人文社科百所重点研究基地"之一,后改名为中国社会主义经济研究中心。纵观高校智库的崛起,皆秉承"与中国发展同行,与中国开放相伴,与中国变革俱进,与中国兴盛共存"的发展理念,践行"维护国家最高利益,认清国家长期发展目标,积极影响国家宏观决策"的发展宗旨,为国家决策、理论创新和教书育人做出了贡献。高校理论工作者的加入,丰富了体制内智库研究的层次性和专业性,激发了各类观点的碰撞,也使知识分子的个体发展与国家前途命运联系得更为紧密。

三、第三个 10 年：决策咨询体制变化下中国智库的快速发展

20世纪90年代末，在东南亚金融危机和国有企业改制的双重压力下，经济社会发展问题逐步显现出来，这一时期决策咨询研究内容出现转向，从国际关系、军事外交、宏观经济等宏大主题，更多地转向与百姓生活密切相关的公共政策问题，如就业、医疗、养老、教育、劳动权益与企业社会责任，以及环境与可持续发展等。面对社会经济转型的复杂性、紧迫性，传统决策咨询体制下被动的、"短频快"式的，偏重于政策解释，缺乏前瞻性、可操作性的研究，似乎难以应对日益增长和日趋复杂的公共问题。现实压力和改革预期对决策咨询体制的组织化、规范化、法制化提出了新的要求。面对生存与发展，一些体制内的研究机构率先思考机构转型问题，以上海社会科学院为代表的地方社科院率先实现智库意识的觉醒，明确了社会主义新智库的发展定位，并于2007年初发布了《关于构建国内一流、国际知名的社会主义新智库的若干意见》，开启了新智库的探索与实践。

党的十六大报告明确提出："完善专家咨询制度，实行决策的论证制和责任制。"党的十六大之后，党和国家领导人更加重视决策咨询工作，邀请各领域的智库专家就某个专题举办集体学习，成为中央政治局的常态化活动；智政联系频度与沟通渠道也出现了一些积极的变化，以响应决策咨询体制的组织化、规范化、法制化诉求。在这一阶段后期，随着政策过程中决策咨询分量的加重，智库在国家治理方面的智力引领作用也逐步显现。党的十七大报告强调要"发挥思想库作用"，把对决策民主化、科学化的重视，提高到了决策咨询制度

建设的层面。

在此期间,全国多地积极响应中央号召,相继成立了决策咨询委员会。决策咨询委员会制度最早可以追溯到1983年,四川、北京、黑龙江等地成立了科技(专家)顾问团,1985年,辽宁社会经济发展战略咨询组成立,1991年,陕西省决策咨询委员会成立。进入21世纪第一个10年,决策咨询委员会制度在全国范围内铺开。例如,上海于2003年,重庆、河北、吉林、西藏于2004年,广西于2009年相继建立了决策咨询委员会制度。决策咨询委员会通过发布决策咨询课题,聚拢决策咨询专家,为深入调研搭建平台,统率地方智库建设,从制度建设层面为确保智库专家介入公共政策制定提供了保障,有效弥补了决策者在能力、经验以及学识方面可能存在的缺陷,广"谋"备"断",起到了降低决策风险的作用。

上海市决策咨询委员会是党的十六大之后地方政府组建的第一个省级决策咨询委员会。上海市决策咨询委员会的出现,有利于进一步完善上海市的决策民主化、科学化机制,更好地实现重大决策的科学化、民主化,集中各类专家智慧,全面提高决策咨询水平,保障上海市委在重大问题上更高的决策咨询能力和决策水平。上海市决策咨询委员会的工作重心有三个层面:一是宏观性、战略性问题的研究,对大局、大势、大事进行研判分析,把握方向和战略;二是创新转型的关键性、政策性问题研究,为发展和建设工作出主意、想办法;三是特大型城市发展规律问题研究,破解人口、环境、交通、产业升级等方面的难题。在上海成立决策咨询委员会后不久,深圳就效仿上海,也成立了决策咨询委员会。

以2001年中国加入WTO为标志,国内和国际两个市场,包括资金、产业、市场、规则的对接与融合加快。中国经济与世界经济更为融合。为此,许多研究世界经济问题的智库更多关注中国经济,而研究中国经济问题的智库也需要了解世界经济运行的问题与规律。同时,继"9·11"事件之后,以反恐为核心的非传统安全研究与中东问题等区域研究相关联,逐步成为对外政策研究中新的增长点,研究重心从大国的传统安全问题向发展中国家非传统安全问题转移。代表性的智库有2000年成立的上海WTO事务咨询中心、2000年改组成立的对外经贸大学中国世界贸易组织研究院、2001年开始筹建的知远战略与防务研究所、2006年成立的浙江大学非传统安全与和平发展研究中心等。

四、第四个10年：中国特色新型智库建设上升为国家战略

2008年,一场肇始于美国次贷市场的金融危机席卷全球,把世界经济拖入"低增长时期",时至今日,全球经济仍然未能完全从金融危机的阴霾中走出来,但这场全球金融危机却给中国的智库建设带来了三大契机:一是国内决策层对2008年全球金融危机的判断和政策储备不足,刺激了政府对决策"外脑"重要性的认识;二是海外就业市场持续低迷,留学人员归国寻求发展,这为中国智库建设带来了大量人才资源,社会智库发展迎来了难得的"黄金十年";三是随着国际经济格局的变化,引发国际秩序的深层次变化,中国逐渐走近世界舞台的中央,中国智库更加重视智库成果的国际传播与国际合作。

中国与全球化智库(现改名为全球化智库)成立于2008年,总部位于北京,在国内外有近10个分支机构或海外代表处。全球化智库"以全球视野为中国建言,以中国智慧为全球献策",致力于中国的全

球化战略、全球治理、人才国际化和企业国际化等领域的研究。2009年初,中国国际经济交流中心(简称国经中心)成立,国务院前副总理曾培炎出任中心理事长,超规格的人员配备以及与体制内的密切联系,使其成为"中国最高级别的智库"之一,该中心每两年举办的"全球智库峰会",吸引了世界各地百余位政要和学人,为中国参与全球治理提供了平台。

进入21世纪的第二个10年,为了积极应对国内外环境的多重变化,有效解决全面深化改革中不断涌现的新情况、新问题、新矛盾,中国智库以其汇聚不同领域专业化研究的协同创新能力,在影响决策、拓展公众思维及开阔眼界、提供多元化思想及研究成果等方面,越发深刻地改变和影响到民众、企业、社会和国家的思想与决策。与此同时,中国智库也逐渐意识到提升社会影响力和国际影响力对于智库建设的重要性,并在经济、政治、文化、社会、生态、党建、科技、国防和国际关系等领域形成了专业风格迥异以及专家介入方式多元的智库运行新模式。

形式多样的基层智库实践为党和国家逐步廓清中国特色新型智库的内涵与价值积累了素材。2012年,党的十八大提出了"坚持科学决策、民主决策、依法决策,健全决策机制和程序,发挥思想库作用"的新要求,进一步明确了将发展思想库(智库)纳入决策咨询制度化建设的范畴。同年年底,习近平总书记在中央经济工作会议上强调,高质量智库在国家决策制定过程中能够发挥重要作用。

国务院发展研究中心(公共管理与人力资源研究所)利用长期组织政府政策研究机构从业人员培训工作的契机,基于28个省市发展研究中心的问卷调查,结合对国际顶级智库的出访交流与实地调研,撰写了一份题为《关于在新时期加强中国智库发挥决策咨询职能》的内部报告。报告指出,中国政策研究机构普遍存在缺乏国际交流经验、思想成果形式单一、研究能力薄弱等弊端。2013年4月15日,习近平总书记在这份内部报告上做出重要批示,指出"智库是国家软实力的重要组成部分,随着形势的发展,智库的作用会越来越大。要高度重视、积极探索中国特色新型智库的组织形式和管理形式"。

2013年11月,党的十八届三中全会发布的《中共中央关于全面深化改革若干重大问题的决定》提出了智库建设的"22字"方针,即"加强中国特色新型智库建设,建立健全决策咨询制度"。这是在公开文件中首次出现"中国特色新型智库"的表述。与此同时,中央成立全面深化改革领导小组,开始着手推动一系列重大改革措施,其中就包含"中国特色新型智库"的顶层设计与发展规划。2014年10月27日,中央全面深化改革领导小组第六次会议审议通过了《关于加强中国特色新型智库建设的意见》。2015年1月,中共中央办公厅、国务院办公厅正式发布《关于加强中国特色新型智库建设的意见》,确立了中国特色新型智库发展的总体目标和发展路径。2015年和2017年,中央全面深化改革领导小组还分别就国家高端智库和社会智库的发展发布了《国家高端智库建设试点工作方案》和《关于社会智库健康发展的若干意见》,分别对国家高端智库和社会智库的组织形式和管理形式给予了指导和规范。至此,中国特色新型智库建设,不仅上升为国家战略,而且也进入了公众视线。"智库"作为舶来品,已在中国生根发芽。

智库评价从另一个视角开启了智库建设和发展的新天地,有利于智库从业者和研究者从更为宏观的视角审视全球智库的发展现状与趋势,同步掌握所关注的智库机构在全球或不同区域及领域内的排位。在国内智库评价方面,上海社会科学院智库研究中心于2014年初率先发布了《2013年中国智库报告——影响力排名与政策建议》;在全球智库评价方面,中国社会科学院中国社会科学评价研究院(时为"中国社会科学评价中心")于2015年11月10日发布了《全球智库评价报告(2015)》。这两份报告分别针对中国智库和全球智库开展评价与研究,表明我国智库研究和评价工作与新型智库建设工作同步开启。

相对于前面3个10年而言,第四个10年是中国智库发展进入制度化建设的阶段。中国特色新型智库建设进入了"快车道":国家高端智库"领雁效应"显著,各地各系统纷纷研究制定地方智库和系统内部的智库发展规划,拉开了体制内智库体制机制改革的序幕,媒体智库应运而生,高校智库建设如火如荼,社会智库蓬勃兴起,描绘着一幅体制内外智库共生共荣、协同发展的中国特色新型智库体系。

第二节 2018年中国智库发展动态

通过对2018年中国活跃智库发展动态及智库研究选题热点进行盘点与梳理,着重分析国内在"中美贸易争端"方面的议题设置能力与智库成果的传播推广能力,由此总结出中国智库发展的年度特点。2018年中国活跃智库呈现四大发展动态:一是智库参与政府决策的深度、广度在加强;二是智库在深化国际交流中履职公共外交;三是智库在加强合作中提升影响力、竞争力;四是智库研究成果的专业化水平日益提升。智库研究选题的热点主要集中在改革开放40周年,区域协调发展,数字经济与人工智能,化解金融风险与加强金融治理,精准脱贫与乡村振兴,环境治理、城市治理和社会治理,高质量发展与高水平开放,党的建设,G20与金砖国家发展,以及新型全球化与地区冲突等十多个方面。

第二章 改革开放40年与中国智库发展

一、活跃智库动态盘点

（一）智库参与政府决策的深度、广度在加强

2018年，党和政府高度重视发挥智库的作用，智库也积极参与政策过程，主要体现在以下几个方面。

1. 党和国家领导人出席重大智库活动

3月24日—26日，李克强总理、韩正副总理、刘鹤副总理出席国务院发展研究中心主办的"中国发展高层论坛2018年会"。10月25日，习近平主席向第八届香山论坛致贺信，表达了中国和世界各国增进战略互信、加强安全合作的真诚意愿，彰显了中国坚定不移走和平发展道路、共筑人类命运共同体的坚定决心。11月4日，刘鹤副总理出席"'一带一路'国际科学组织联盟成立大会暨第二届'一带一路'科技创新国际研讨会"，习近平主席致贺信，联盟秘书处设在中国科学院。

2. 智库专家积极参与重大咨政活动

1月16日，李克强总理主持召开座谈会，听取多位智库学者与企业家代表对《政府工作报告（征求意见稿）》的意见建议。11月8日，李克强总理主持召开经济形势专家和企业家座谈会，就宏观经济运行、民营企业发展、技术创新、就业市场形势等听取意见建议。中宣部组织开展庆祝改革开放40周年"百城百县百企"调研活动，其中，一些国家高端智库通过实地调研，总结100家企业的发展成就与经验，系统反映改革开放40年来，特别是党的十八大以来波澜壮阔的伟大历程，突出展现亿万人民在改革开放事业中的主体地位和伟大创造力。

3. 地方主要领导调研智库

10月15日,上海市委书记李强先后调研上海市社会科学界联合会、上海社会科学院,并与智库专家代表座谈交流改革开放40周年实践,畅谈如何推动上海改革开放再出发。11月30日,李强调研复旦大学高校智库建设,先后走访了复旦发展研究院、复旦大学中国研究院,并与智库专家代表座谈交流如何落实长三角一体化、自贸区新片区、科创板注册制等3项新的重大任务。

4. "部委—智库"合作呈现国际化特色

在国家发改委指导下,中国国际经济交流中心与联合国开发计划署共同主办"2018全球治理高层政策论坛暨2018'一带一路'金融投资论坛"。国务院国资委与国务院发展研究中心联合召开中央企业参与"一带一路"建设座谈会。国务院国资委与中国社会科学院联合发布第二本《中央企业社会责任蓝皮书》和首本《中央企业海外社会责任蓝皮书》。工业和信息化部与中国工程院等牵头组织"2018创新与新兴产业发展国际会议",共同举办2018世界智能制造大会。商务部与国声智库等联合主办"'一带一路'核心区和自由贸易试验区建设智库论坛2018"。

5. 国家级智库加强与地方政府之间的合作

中国工程院先后与广东、河南、江苏、山西、安徽、海南、重庆、福建、天津、湖北等省、直辖市共建中国工程科技发展战略地方研究院。中国科学院与天津、内蒙古等多个省、自治区或直辖市举行科技合作座谈会,并与广东省签署共同推进粤港澳大湾区国际科技创新中心建设合作协议,与江西省共建"中国科学院江西产业技术创新与育成中心",与青海省共建"中国科学院三江源国家公园研究院",与陕西省共建"西安科学园",与上海市共建三大研究平台——张江药物实验室、G60脑智科创基地和传染病免疫诊疗技术协同创新平台。

6. 省级重点智库、专业特色智库相继成立,地方、行业层面智库管理建章立制

10月8日—9日,浙江省对13家省内新型重点智库和8家重点培育智库进行授牌,旨在为期5年的建设周期内,坚持以国家和浙江重大战略需求为导向,进一步细化建设机制和举措,集聚人才和智力优势,开展战略性、前瞻性、针对性、储备性的决策咨询研究,为推进"八八战略"再深化、改革开放再出发,实现"两个高水平"建设提供强大智力支撑。11月,湖南省确立了26家省内专业特色智库,其中14家来自省级重点智库下属研究机构,这是继2015年7月湖南省确立7家省级重点智库之后的又一重大举措。7月,黑龙江省召开新型智库建设工作会议,审议通过《黑龙江省新型智库管理办法》《黑龙江省新型智库专项经费管理办法》。3月,国家广播电视总局发布了《关于加快新闻出版行业智库建设的指导意见》,统筹推进新闻出版行业智库协调发展。11月,为贯彻落实习近平总书记关于全国党建研究会要"发挥党建高端智库作用"的重要指示精神,中组部印发《关于进一步发挥全国党建研究会党建高端智库作用的意见》。

(二)智库在深化国际交流中履职公共外交

1. 积极开展与美国智库的对话与沟通,更好地应对中美贸易摩擦

中国社会科学院世界经济与政治研究所、中国社会科学院美国研究所、中国现代国际关系研究院、中国宏观经济研究院、商务部国际贸易经济合作研究院、北京大学国家发展研究院、中国国际问题研究院、中国财政科学研究院等19家国内智库发起成立了"美国研究智库联盟",围绕美国政经形势、美国内外经济政策、中美大国关系等问题,开

展基础性、政策性研究与国际合作交流。中国国际经济交流中心与美国全国商会在华盛顿联合主办第十一轮"中美工商领袖和前高官对话"。中国南海研究院与美国美中关系全国委员会在美国波士顿普洛斯顿共同举办第七轮"中美海上问题与国际法对话"。

2. 为纪念改革开放40周年，召开国际研讨会，进一步讲好中国故事，提升中国国际形象

中国（海南）改革发展研究院与西班牙 ESADE 商学院全球经济和地缘政治中心等共同在西班牙马德里主办"中国改革开放40周年暨经济发展研讨会"，来自中国和欧洲的近30位国际政要、知名专家学者和企业负责人围绕"中欧伙伴关系与改革开放""全面深化中西全面战略伙伴关系、树立双边互利共赢合作典范""G20合作与全球化进程"三个主题深入交流，共同回顾中国改革开放历程，提出推动新的时代条件下中欧关系发展和中西关系发展、促进贸易和投资自由化便利化、构建开放型世界经济之策。

3. 聚焦"一带一路"建设的重点与难点，推动项目对接与落地

由中国国家能源局主办、电力规划设计总院等承办的"'一带一路'能源部长会议"在苏州召开，习近平主席致信祝贺，29个国家能源部长、大臣和高级官员等出席，就共建"一带一路"能源合作伙伴关系、推动全球绿色能源高质量发展等议题进行深入交流和讨论。国家开发银行与联合国开发计划署（UNDP）联合发布《"一带一路"经济发展报告》，这是落实中国政府与 UNDP 签署"一带一路"建设合作备忘录的重要成果，报告采用国际化语言，从全球视角对"一带一路"建设与合作进行了论证与建议。中国（深圳）综合开发研究院埃塞俄比亚特殊经济区规划咨询项目获得全国优秀工程咨询成果奖，目前研究成果已通过埃塞俄比亚联邦政府与世界银行专家论证评审，核心内容已被充分吸

纳进《埃塞俄比亚特殊经济区公告》，并作为联邦法律颁布实施。中国人民大学国家发展与战略研究院与斯里兰卡探路者基金会等联合举办主题为"'一带一路'绿色发展"的"中国与斯里兰卡战略对话"，并与战略研究院和泰国国家研究院泰中战略研究中心共建泰中"'一带一路'合作研究中心"和"'一带一路'研究基金"，用于相关研究工作和出版研究成果、召开研讨会等。复旦大学复旦发展研究院与杜伊斯堡—埃森大学东亚研究院在德国杜伊斯堡共同主办"第四届'一带一路'与中欧合作国际论坛"，并与匈牙利央行在匈牙利布达佩斯共同举办"上海论坛2019海外预热会"。

4. 与国际知名智库机构联合召开研讨会的广度和深度都有所提高

6月22日，中国（深圳）综合开发研究院与马来西亚亚洲战略与领导力研究所在吉隆坡联合主办"中国—东盟智库研讨会"，来自中国与东盟国家的智库专家学者就"推进区域全面经济伙伴关系协定（RCEP）谈判：经验·挑战·机遇"这一主题进行了深入的研讨。7月30日—31日，中国南海研究院与日本笹川和平财团海洋政策研究所在东京共同主办了"2018中日海洋对话会"，论坛旨在为两国涉海研究机构和学者提供稳定、机制化的沟通与交流平台，推动中日双方在海洋安全、海洋治理、海洋开发与利用等领域的协调与合作。10月11日—12日，上海国际问题研究院与欧洲外交关系委员会联合在柏林举办"中欧论坛"，论坛聚焦"国际秩序稳定与全球治理态势""中欧美俄四边关系""全球贸易体系中的中欧关系""新技术时代中欧贸易投资关系"等议题。11月29日—30日，中国国际经济交流中心与欧洲企业协会在布鲁塞尔联合主办了第二轮"中国—欧盟工商领袖和前高官对话"，双方探讨了"中欧合作应对保护主义和单边主义"等全球性问题，以及"中欧经贸关系和双边投资""世界贸易组织（WTO）改革和有效的多边主义"

"产业合作""'一带一路'倡议和欧亚互联互通战略对接"等议题。12月3日—4日,G20阿根廷峰会刚落下帷幕,由上海社会科学院等智库机构主办的"世界中国学论坛拉丁美洲分论坛"在阿根廷首都布宜诺斯艾利斯举行,论坛的主题是"'一带一路'倡议与中拉合作",中拉学者重点围绕"中国发展:回望与成就""'一带一路'倡议:现实与展望""中拉合作:机遇与挑战"等三个议题展开积极讨论。

(三)智库在加强合作中提升影响力竞争力

1. 智库借助于媒体加强传播力,智库型媒体保持着高活跃度

光明日报社先后与中国浦东干部学院共同主办"中国特色新型智库建设高层论坛(2018)",与南京大学共同主办"2018中国智库治理暨思想理论传播高峰论坛""《中国经济增长动能指数》与《中国经济全球化》研究报告发布会暨'东部地区高质量发展联合调研'启动仪式";与武汉大学联合举办"第二届珞珈智库论坛"。由人民日报社指导,人民论坛杂志社、国家治理周刊、人民智库共同主办"中国诚信建设高峰论坛"。人民日报区域协同发展智库在"2018京津冀协同发展论坛"上成立。由国务院发展研究中心指导,中国经济时报社主办"第九届中国经济前瞻论坛",论坛以"新时代的中国经济"为主题。2018年底东方智库成立,上海国际问题研究院与东方网在揭牌仪式上共同签署合作协议。

2. 一些出版社也加入智库型媒体的队伍中来

中国新闻出版研究院联合龙源数字传媒集团发起成立"数字文化城市研究中心"。中国发展出版社联合中国社会科学评价研究院、福建省政府发展研究中心、福建社会科学院、福建省农村信用社联合社和中国台湾竞争力论坛学会等共同主办"第十届海峡论坛·两岸智库论

坛"。社会科学文献出版社与中国财政科学研究院联合举办"'面对不确定性的财政政策'研讨会暨《财政蓝皮书：中国财政政策报告(2018)》新书发布会"。

3. 智库与智库合作举办论坛、相互结盟或联合发布成果，有效促进智库资源整合，实现优势互补

新华社国家高端智库与中国国际经济交流中心联合举办第十七期"国经论坛"系列研讨会和"2018—2019中国经济年会"。中国社会科学院、中国科学院、中国工程院共同主办主题为"中国城市改革开放发展40年"的"中国城市百人论坛2018年会"。中国工程院、国家信息中心等共同主办"2018战略性新兴产业培育与发展论坛"；河南省社会科学院与河南省人民政府发展研究中心等联合举办"第八届中原智库论坛"。中国人民大学国家发展与战略研究院联手全球公共外交研究中心举办"'新时代的智库发展与舆论传播'圆桌论坛"。瞭望智库与中国社会科学院世界经济与政治研究所联合主办"'中美经贸与战略'研讨会"。中国(深圳)综合开发研究院与上海社会科学院、天津滨海综合发展研究院联合举办"第十四届沪津深三城论坛"。1月26日，中国工程院联合中国农业科学院发起的"中国农业发展战略研究院"揭牌成立。6月28日，中国互联网新闻中心和中联部当代世界研究中心、"一带一路"国际智库合作联盟、中国科学院院刊、北京师范大学"一带一路"研究院、江苏师范大学"一带一路"研究院、中国人民大学重阳金融研究院、全球化智库、中国财政经济出版社联合发起的"一带一路"智库联盟发布平台正式启动。6月14日，由工信部部属研究机构和高校智库为主体成立工信智库联盟，旨在推动工业和信息化领域智库创新发展。12月27日，由中国宏观经济研究院牵头发起的中国宏观经济智库联盟成立。

4. 智库与企业围绕"一带一路""粤港澳大湾区""创新驱动"等国家战略开展合作，行业协会、基金会、园区管委会等成为智库运行体系中的新主体

在国务院发展研究中心指导下，中国发展研究基金会主办第六届"反贫困与儿童早期发展国际研讨会"，主题为"迈向没有贫困的未来"。中国社会科学院与中信改革发展研究基金会联合主办"中国社科论坛——'一带一路'高端人文对话"。综合开发研究院（中国·深圳）与深圳市综研软科学发展基金会主办"2018综研基金·中国智库论坛暨综合开发研究院北京年会"，论坛聚焦粤港澳大湾区发展，并发布了有关粤港澳大湾区的系列研究成果。北京大学国家发展研究院、上海国有资本运营研究院与上海市张江科学城建设管理办公室、上海张江高科技园区开发股份有限公司共同主办"张江创新论坛暨2018北京大学国家发展研究院（上海）论坛"。中国铁路总公司与中国工程院、中国科学院签署战略合作协议；中国科学院与国家开发投资集团有限公司、恒大集团、华润（集团）有限公司签署战略合作协议。中国国际经济交流中心与华大基因等共同倡议发起成立"一带一路"生命科技促进联盟，并签署《"一带一路"生命科技促进联盟合作共识》。

（四）智库评价呈现多元化趋势

1月，浙江工业大学全球智库研究中心发布《中国大学智库发展报告（2017）》，提出中国大学智库评价的"三维模型"和评价指标体系，即契合度、活跃度和贡献度。2月，清华大学公共管理学院智库研究中心成立，并发布《清华大学2017智库大数据报告》。3月，上海社会科学院智库研究中心发布《中国智库报告——影响力排名与政策建议》（中文版），从决策影响力、学术影响力、社会影响力和国际影响力等多个维度

对2017年度中国活跃智库的影响力开展综合评价。5月,光明日报智库研究与发布中心和南京大学中国智库研究与评价中心联合发布2017中国智库索引(CTTI)智库最佳实践案例评选结果。10月,中国社会科学评价研究院发布《中国智库成果与人才评价报告》,从"咨政建言""学术成果""创新人才"三个角度,通过评审遴选出具有代表性的智库人才与智库成果。11月,四川省社会科学院与中国科学院成都文献情报中心联合发布《中华智库影响力报告》,对2017年中国大陆及港澳台地区的各类智库进行分类考察。12月,光明日报智库研究与发布中心和南京大学中国智库研究与评价中心联合发布了CTTI智库报告、CTTI高校智库百强榜,以及优秀智库成果等。

二、智库研究选题热点

从2018年中国智库大事记的主题词分析来看,"改革开放40周年""中美贸易争端""一带一路"方面的智库研究选题出现的频次最多,其次有"防范系统性金融风险""粤港澳大湾区""长三角一体化""高水平开放""乡村振兴""环境能源""数字经济"等议题。

(一)改革开放40周年

2018年适逢中国改革开放40周年,全国各大智库机构举办了大量学术活动。中国社会科学院主办9场"'与改革开放同行——中国社会科学院庆祝改革开放40周年'系列智库论坛",发布了"改革开放研究丛书"。中共中央党校(国家行政学院)举办"纪念改革开放40周年外国学员宣介研讨会""'改革开放40年的历史经验'中国社会发展高端论坛"等。中国宏观经济研究院举办"'不忘初心,将改革开放进行到底'2018国宏经济论坛"。中国财政科学研究院与中国财政学会联合举办"'财政改革：40年的经验与新时代再改革'财政与国家治理论坛",与中国会计学会联合举办"'中国会计改革与发展'2018学术论坛暨改革开放四十年回顾与展望研讨会"。

上海社会科学院举办"庆祝改革开放40周年重要成果发布研讨会",并与光明日报社等联合主办"改革开放四十周年与长江经济带发展论坛"。上海国际问题研究院举办"改革开放40年的政党与政治研究：国际经验与中国探索研讨会""第六届国际安全研究论坛暨'改革开放四十周年：民族、法治与安全'研讨会",以及"'改革开放40周年与中国对外关系'研讨会"。天津社会科学院举办"'开放·进取·发展——纪念改革开放40周年'暨深化天津经济体制改革前沿论坛"。河北省社会科学院举办"'改革开放与高质量发展'研讨会"。

北京大学国家发展研究院举办"朗润企业家高端对话第八期暨中国管理模式50人致敬改革开放40周年论坛",与国务院发展研究中心共同举办"'从贫穷走向繁荣——中国经济增长40年'专题研讨会",与习近平新时代中国特色社会主义思想研究院共同承办"成就与经验：中国改革开放40年高端论坛会议"。清华大学国情研究院举办"'中国道路：经济发展与国家治理'纪念改革开放四十周年学术研讨会"。中国人民大学国家发展与战略研究院和中国人民大学国际关系学院联合主办"'改革开放40年国家治理变革之道'报告发布会"。中国人民大学重阳金融研究院召开"'改革开放40年后的中国与世界'研讨会"。复旦大学中国研究院举行"中外学者共话中国改革开放四十年"和"改革开放40年：选择的智慧研讨会"。

中国（海南）改革发展研究院与外交学院联合举办"'改革开放新起点与区域经济一体化新机遇'专家座谈会",与中国银行等合作主办以

"改革开放的中国与世界"为主题的"第84次中国改革国际论坛";中国经济50人论坛召开"'纪念改革开放四十周年暨50人论坛成立二十周年'研讨会"。全球化智库举办"'互塑和推动——改革开放与经济全球化的新未来'第四届中国与全球化论坛"等。

形成了一批有影响力的专著。国务院发展研究中心的《改革开放40年：市场体系建立、发展与展望》、中国社会科学院的《改革开放四十年：理论探索与研究（上下卷）》、中国科学院的《科技强国建设之路：中国与世界》、中国财政科学研究院的《中国改革开放的财政逻辑（1978—2018）》、国家信息中心的《大数据看改革开放新时代》、中国（海南）改革发展研究院的《中国改革开放全纪录（1978—2018）》《口述改革历史》《伟大的历程——中国改革开放40年实录》等。中国（海南）改革发展研究院还发起了《风云四十年》纪录片的拍摄，并上线了中国改革开放数据库。

（二）区域协调发展

1. 京津冀协同发展

北京科学技术研究院与河北建筑工程学院联合主办"京津冀传统产业升级与新兴产业培育智库高峰论坛"，发布《传统高能耗产业升级指数报告》。全球化智库与京津冀三地党委组织部联合举办"2018京津冀人才一体化发展高端人才论坛"。首期"国研智库书院·国家政策助推地方发展"围绕"中国产业发展动态与产业政策"与"京津冀文化产业发展"开展专题培训。

2. 粤港澳大湾区建设

中国科学院与广东省政府签署共同推进粤港澳大湾区国际科技创新中心建设合作协议。中国（深圳）综合开发研究院主办题为"合作创新助力粤港澳大湾区发展"的"综研国际报告会"。中山大学粤港澳发展研究院发布《粤港澳大湾区发展报告（2018）》《粤港澳大湾区可持续发展指数报告》《港澳青年内地创业》等。

3. 长三角一体化发展

中国社会科学院—上海市人民政府上海研究院等机构主办"长三角的一体化与一体化的长三角论坛",探讨长三角在国家现代化建设大局和全方位开放格局中举足轻重的战略地位。中国区域经济学会与江苏省社会科学院区域现代化研究院联合举办首期"'中国现代化策论'智库研讨会",合作成立"中国区域现代化研究中心"。上海社会科学院与广东社会科学院联合主办"长三角与珠三角区域发展研讨会",围绕"长三角一体化发展"和"粤港澳大湾区建设"两大国家战略实施、推进和实践开展研讨。

4. 东北老工业基地振兴

中国（海南）改革发展研究院、中国东北振兴研究院等共同举办"东北亚经济合作与东北振兴进程论坛""中国东北振兴研究院专家委员会第二次会议暨纪念改革开放40周年座谈会""'解放思想深化改革推进东北全方位振兴'专家座谈会""2018东北振兴论坛——改革开放40周年与东北振兴"等。

（三）新经济：数字经济与人工智能

1. 数字经济方面

中国社会科学院主办"中国网络信息法治智库论坛",聚焦"网络强国与法治强国",围绕网络与信息法学科建设和智库建设方向进行深入交流,与人民网、中共南京市委宣传部主办"'最大增量：社会治理新引擎'2018互联网大数据与社会治理南京智库峰会"。中共中央党校（国家行政学院）与国家电子政务专家委员会联合主办"2018中国电子政务论坛";阿里研究院携手中国远见智库论坛举办"新时代·新引擎·新担当——第三届新经济智库大会",发布《数字经济体:普惠2.0时代的新引擎》。国家信息中心信息化和产业发展部、阿里研究院、国家发展和改革委员会经济研究所、清华大学公共管理学院和浙江省工业和信息化研究院共同发起"数字经济论坛",以"搭平台、聚共识、谋发展"为宗旨,搭建政、产、学、研的对话机制,致力于研判全球数字经济发展趋势。上海社会科学院主办"'网络舆情大数据案例库建设与研究'重大攻关项目研讨会",发布《2018全球数字经济发展报告》蓝皮书。中国财政科学研究院与浙江大学财税大数据与政策研究中心联合举办"'大数据与财税改革'研讨会"。"首届中国国际智能产业博览会"在重庆召开,围绕"数字经济",一批新型智库相继亮相。由国家信息中心牵头成立数字中国研究院,中国电子学会在重庆牵头成立中国数字经济百人会。复旦大学中国研究院、上海春秋发展战略研究院以及乌镇智库共同举办"数字经济·一带一路"咖荟;南都大数据研究院揭牌,拟推出一批有影响力的数据产品,推动《南方都市报》向有影响力的智库型媒体转型。

2. 人工智能方面

中国工程院主办"'新一代人工智能'第21届中日韩工程院圆桌会议暨新一代人工智能国际研讨会",并与天津市人民政府等共同主办第二届"世界智能大会"。瞭望智库举办"AI+内部研讨会",来自工信部、中科院等政产学研各界的20多位专家就我国如何进行新一代人工智能发展布局等开展探讨,与中科院微电子研究所联合主办"'我国汽车芯片国产化推进现状与我国自动驾驶汽车顶层设计'闭门研讨会"。中国科学院、中国工程院与科学技术部、工业和信息化部等共同主办"首届中国国际智能产业博览会"。国家信息中心牵头组建中国智能制造发展联盟研究编制《智能制造发展水平评价规范(v1.0)》。中国现代国际关系研究院与瑞典斯德哥尔摩国际和平研究所共同举办"'机器学习与自主化对战略稳定与核风险的影响'国际研讨会"。上海国际问题研究院与联合国区域间犯罪与司法研究所共同主办"'人工智能——重塑国家安全'国际学术研讨会"。全球化智库撰写的《世界智能制造发展报告》中英文版在"2018年世界制造业大会"上发布；中国工程院与中国农业科学院组织召开"'新时代农业科技创新体系建设'座谈会"。

（四）新金融：化解风险与加强治理

2018年不仅是中国改革开放40周年，而且也是巴塞尔协议30周年、中国实施巴塞尔协议20周年（按1998年银行注资算）和全球金融危机10周年。智库界对国内外金融风险管理发展进行系统回顾反思具有重要历史意义。

1. 防范系统性金融风险和维持金融稳定方面

中国人民大学重阳金融研究院联合中国银行国际金融研究所和中国政策科学研究会举办"中国金融风险管理发展高级研讨会暨巴塞尔协议三十周年和金融危机十周年高级研讨会"。国务院参事室金融研究中心与中国人民大学重阳金融研究院联合举办"'金融改革发展与现代金融体系'研讨会"，发布《中国的金融战略：历史经验、理论指引与未来布局》。中国社会科学院国家金融与发展实验室与第一财经研究院联合主办《中国金融风险与稳定报告2018》发布暨"'在改革和波动中实现金融稳定'闭门研讨会"。

2. 发展绿色金融方面

中国人民大学重阳金融研究院生态金融研究中心与中央财经大学

国际绿色金融研究院共同承办"中国金融学会绿色金融专业委员会2018年年会",发布《中国绿色金融发展研究报告2018》,中国证监会副主席方星海参会并表示,证监会未来将继续强化资本市场支持绿色发展的职能,核心之一就是降低绿色企业的融资成本。

3. 在金融科技创新与发展普惠性金融方面

瞭望智库与新华社《财经国家周刊》联合主办"'金融科技的长远发展和长效监管'研讨会"和"第三届(2018)新金融高峰论坛",与中国互联网金融协会金融科技发展与研究工作组联合撰写《中国金融科技应用与发展研究报告2018》,论述在金融科技的驱动技术、应用场景、风险与监管三个层面上我国金融科技发展脉络与最新情况,并对标国际监管趋势与国内典型案例,分析各关键驱动技术应用的发展现状、问题与政策建议。中国社会科学院国家金融与发展实验室主办"《中国金融科技运行报告(2018)》发布暨学术研讨会",与《人民日报》全国党媒信息公共平台联合主办"首届中国普惠金融创新发展峰会"。中国(深圳)综合开发研究院研究编制《2018年中国产业金融发展指数》和《中国"双创金融指数"》。

(五)新农村:精准脱贫与乡村振兴

中国社会科学院赴陕西丹凤县、江西赣州市调研定点帮扶脱贫攻坚工作。中国工程院在江西赣州市参加主题为"聚焦脱贫攻坚,助力赣南振兴"的院士专家行活动;中国农业科学院赴秦巴山集中连片贫困地区的四川省广元市进行调研,赴四川邛崃市调研乡村振兴实施情况,赴武威为现代农业发展、脱贫攻坚和乡村振兴战略实施出谋划策。中央党史和文献研究院来到扶贫点河北省唐县、河南省南召县、甘肃省镇原县开展脱贫攻坚调研。北京大学国家发展研究院赴云南省大理白族自治州弥渡县进行扶贫调研。中国社会科学院国家全球战略智库赴宁夏回族自治区开展扶贫问题调研。华中师范大学中国农村研究院赴山东省东平县、沈阳法库县、广东新兴县、蕉岭县开展乡村振兴规划编制专题调研。

中国农业科学院、农业农村部科技发展中心与中国农学会共同主办"2018中国农业农村科技发展高峰论坛",发布《中国农业农村科技发展报告(2012—2017)》等5个专项报告。中国社会科学院主办"《中国农村发展报告》(2018)发布会暨中国乡村全面振兴高层论坛""新时代·新主体·家庭农场学术研讨暨研究成果发布会(2017)"。中国工程院主办"'加强智慧农业科技创新,服务国家乡村振兴战略'2018年中国工程科技论坛——智慧农业论坛",启动"乡村振兴2035战略研究"重大咨询研究项目。徐州市人民政府和阿里巴巴集团联合举办"'淘宝村未来之路:数字经济振兴乡村'第六届中国淘宝村高峰论坛",阿里研究院发布《中国淘宝村研究报告(2018年)》,并与汇通达乡村研究院在"2018新零售·中国农村商业新生态紫金峰会"上联合发布《农村商业研究报告》。

(六)新治理:环境、能源、城市与社会

生态环境部国家应对气候变化战略研究和国际合作中心、上海国际问题研究院、绿色和平组织共同举办"IPCC1.5度特别报告及环境机构参与气候科学传播座谈会""'美国退出《巴黎气候协定》对全球气候治理的影响及我国的应对策略'座谈会"。中国科学院西北生态环境资源研究院、中国人民大学重阳金融研究院、西部资源环境与区域发展智库等联合主办"第四届环境与发展智库论坛"。由中国人民大学国家发展与战略研究院主办、首都发展与战略研究院承办的"《绿色之路——

中国经济绿色发展报告2018》发布会"在北京举行,报告分析了绿色发展评价存在的问题,计算了省级尺度和城市尺度的绿色发展指数,对全国31个省区、100个城市的绿色发展之路进行了评价。中国社会科学院生态文明研究智库召开以"习近平生态文明思想的理论价值与实践意义"为主题的"中国生态文明研究高峰论坛"。

国务院发展研究中心主办旨在推进北方地区和长江经济带冬季清洁取暖、促进绿色能源高质量发展与国际合作的"2018年能源大转型高层论坛",发布了《全球能源转型背景下的中国能源革命》研究报告。上海国际问题研究院与中国极地研究中心等联合举办"'北极地区可持续发展绿色方案'研讨会",与印度理工学院古瓦哈提分校(IITG)共同主办"'气候、水、能源的关系与南南合作'国际研讨会"。电力规划设计总院发布《中国能源发展报告2017》《中国电力发展报告2017》,成立全国新能源消纳监测预警中心,促进新能源高质量发展。国网能源研究院发布2018年《中国能源电力发展展望》《全球能源分析与展望》等系列报告。中国财政科学研究院发布《在积极推进碳交易的同时择机开征碳税》研究报告。河北省水利科学研究院等联合主办"水利机构知识管理与专家智库建设研讨会"。

中国人民大学国家发展与战略研究院等在青岛承办"国家发展与城市治理高端论坛"。国家信息中心发布《中国城市信用状况监测评价报告2018》蓝皮书,并同国际数据集团(IDG)联合主办"第二十届高交会2018亚太智慧城市发展高峰论坛"。国家高新区发展战略研究会与中国高新技术产业导报社主办、合肥高新区管委会和高新智库承办"2018年国家高新区发展战略研讨会暨国家高新区(合肥)创新高层论坛"。中国人民大学国家发展与战略研究院与北京市对外人民友好协会等共同协办"首都治理国际论坛"。外交学院主办、上海国际问题研究院与上海世界城市日事务协调中心合办 2018"世界城市日"系列活动——"'城市与国际秩序'学术研讨会"。中国城市轨道交通协会运营管理专业委员会、交通运输部科学研究院、社会科学文献出版社共同主办"《城市轨道交通蓝皮书：中国城市轨道交通运营发展报告（2017—2018）》发布会"。

北京师范大学中国教育与社会发展研究院主办、中国社会管理研究院承办主题为"新时代社会治理：共建共治共享"的"第三届中英社会治理现代化研讨会"。盘古智库成立老龄社会研究中心，并召开"老龄社会 30 人论坛"。中国大学智库论坛秘书处和高校高端智库联盟秘书处共同主办以"决胜全面建成小康社会：理论·实践·战略"为主题的"中国大学智库论坛 2018 年年会"。国务院发展研究中心编撰《社会治理的理论与实践探索》《中国民生调查 2017》等。中国财政科学研究院发布研究报告《人口老龄化背景下我国社会形势及应对措施》《养老保障从收入养老向生活养老转型的研究》《从基本公共服务均等化入手深化财政体制改革》《财政改革与民生发展 40 年》等。

（七）高质量发展与高水平开放

中国经济 50 人论坛召开"2018 年年会"，主题为"从高速增长到高质量发展"。南京大学和光明日报社联合主办，南京大学长江产业经济研究院和光明日报智库研究与发布中心承办"'东部地区高质量发展联合调研'启动仪式"，发布《中国经济增长动能指数》与《中国经济全球化》研究报告。华南理工大学公共政策研究院（IPP）主办"'中国经济的体制机制创新：经验和教训'学术研讨会"。

中国社会科学院主办"'新时代上海合作组织新发展'国际智库论坛"，来自上海合作组织成员国、观察员国、对话伙伴国的智库机构、国际组织等相关部门的近百名代表和专家围绕"新时代""新发展"两大主题,就经济发展、开放共赢、地区稳定、综合安全、上海精神、人类命运共同体等热点话题展开研讨交流。上海国际问题研究院与俄罗斯高尔察科夫公共外交基金会共同举办了"'上合组织:成就、问题与前景'圆桌会议"。察哈尔学会主办"'上合组织与新时代亚欧和平合作'研讨会"。中国国际问题研究院发布《上海合作组织:回眸与前瞻(2001—2018)》蓝皮书。中国人民大学国家发展与战略研究院等单位联合承办了"《上海合作组织创建、发展和前景》中文版首发式暨上海合作组织发展研讨会"。中国人民大学重阳金融研究院与兰州大学中亚研究所联合发布《乘风破浪行稳致远:上海合作组织十七年进展评估》(中英文版)智库报告。

中国(海南)改革发展研究院召开"中国(海南)自由贸易港建设座谈会",与深圳市马洪经济研究发展基金会主办"中国特色自由贸易港建设与中日产业合作新机遇——2018第三届中日活力化论坛",承办"海南省人大学习贯彻党的十九大精神及海南自由贸易区(港)建设专题培训班",牵头共建中国特色自由贸易港研究院,并发表了一系列自贸港研究论文,如《以建设自由贸易港为目标推进海南自贸区进程》《尽快形成海南自由贸易港总体方案的建议》《高标准高质量建设海南自由贸易试验区》等。中国特色自由贸易港研究院和海南省财政厅联合主办"中国特色自由贸易港财税制度设计研讨会"。海南省社科院等联合主办"第二届中国(海南)-东盟智库论坛"。海南亚洲公益研究院等联合承办"海南公益慈善界庆祝海南建省办特区30周年暨中国海南自贸区(港)智库论坛"。海南自由贸易试验区和中国特色自由贸易港检察工作智库成立。中国国际贸易学会图们江分会等在珲春主办"图们江区域自由贸易区研讨会",会议以建设自由贸易区和冰上丝绸之路为主题,深入探讨"一带一路"背景下图们江区域合作开发的新领域、新思路。

上海国际问题研究院召开主题为"中国国际进口博览会配套论坛虹桥国际贸易论坛议题研究"研讨会,与上海市国际关系学会联合主办"中国国际进口博览会与上海'一带一路'桥头堡建设研讨会"。上海华夏经济发展研究院与上海社会科学院智库研究中心等共同主办"'中国国际进口博览会与贸易投资合作机遇'主题论坛"。中国人民大学重阳金融研究院举行"'进口贸易与世界发展'研讨会暨系列成果发布会",发布《中国购买力大布局:"一带一路"与全球市场转型》《中国购买力大崛起:改革开放40年来的进口侧结构性升级》《中国购买力大塑造:中国进口侧改革与人类命运共同体构建》3份研究报告。阿里研究院等共同发布《持续开放的巨市场——中国进口消费市场研究报告》,对中国进口消费市场进行分析与洞察。上海国际问题研究院、复旦大学中国研究院、中欧国际工商学院共同主办"'世界经济再平衡:中国的角色和作用'论坛"。察哈尔学会发布报告《建议与期望——来自部分参加首届"中国国际进口博览会"外国商会的舆情》。

(八)党的建设

北京市党建研究会党建智库成立,系北京市14家高端智库试点单位之一。中国领导科学研究会、中国浦东干部学院、上海市委党校、上海市社会科学界联合会联合主办"时代先锋民族脊梁——首届中国共产党领导力论坛"。东中西部区域发展和改革研究院、上海大学智库产业研究中心在北京主办"党建智库研究管理中心成立暨构建新型党建智库专题座谈会"。河南省社会科学院、河南省人民政府发展研究中心、河南日报报业集团、华北水利水电大学联合举办主题为"以党的建设高质量推动经济发展高质量"的"第九届中原智库论坛"。

(九) G20 与金砖国家发展

上海国际问题研究院与上海市美国问题研究所共同举办"'G20峰会后中美关系的走向'学术研讨会"。中共中央对外联络部主办"凝聚中国智慧,开辟金砖合作光明未来"的"金砖国家智库合作中方理事会 2018 年年会"。金砖国家智库合作中方理事会主办"万寿论坛(系列)",主要有"'全球经济治理格局中金砖国家务实合作'2018 金砖国家智库国际研讨会暨第 22 届万寿论坛""'金砖国家新工业革命伙伴关系与科技创新'2018 年金砖国家智库国际研讨会暨第 23 届万寿论坛"等。中国(深圳)综合开发研究院举办"'聚焦金砖:推进中印更加紧密的发展伙伴关系'报告会"等。上海社会科学院等主编《金砖国家中小企业电子商务发展报告:2017》,报告比较完整地分析和揭示了金融危机以来金砖国家电子商务与中小企业的发展及现状特征,探讨了金砖各国在电子商务发展进程中面临的问题及挑战。阿里研究院发布了《金砖国家电子商务发展报告(2018 更新版)》。

(十) 新型全球化与地区冲突

1. 新型全球化方面

中国现代国际关系研究院与德国艾伯特基金会共同举办"'在全球性挑战背景下加强中欧合作'研讨会"。中国财政科学研究院发布《从"逆全球化"看 2018 年国际经济形势》。南京大学长江产业经济研究院发布《中国经济全球化报告》。

2. 地区冲突问题方面

中国国际问题研究院与联合国政治事务部等联合举办"《和平之

路：预防暴力冲突的包容性路径》研究报告学术研讨会",与人道主义对话中心共同举办"南苏丹和'非洲之角'地区形势与国际合作国际研讨会"。上海国际问题研究院与上海社会科学院国际问题研究所等联合举办主题为"中东形势新发展与新时代中国中东外交"的"第二届上海中东学论坛",与上海外国语大学联合主办"'叙利亚问题的出路与前景'国际研讨会"。中国现代国际关系研究院与欧洲智库欧洲对外关系委员会、挪威驻华大使馆联合举办"'阿富汗和平与发展'中欧对话会"。

第三节 中国特色新型智库发展趋势展望

从智库的研究议题看,更多关注社会民生问题使得智库研究议题越发宽泛。党的十九大高屋建瓴地提出了"两个阶段""两步走"的战略安排,同时也指出我国社会的主要矛盾已经转化为人民日益增长的美好生活需要和不平衡不充分的发展之间的矛盾。这一转变意味着,人民美好生活需要不仅包括物质文化生活方面的更高要求,而且还包括在民主、法治、公平、正义、安全和环境等方面的新要求。其中,幼有所育、学有所教、劳有所得、病有所医、老有所养、住有所居、弱有所扶等一系列民生问题被摆在了发展战略的重要位置。可以预见,智库未来的发展,应当与时代发展趋势同步,更多地关注社会民生问题,以人民为中心,化解民生之忧,而不仅限于传统的国际关系和经济增长领域。

从智库的研究方法看,咨政研究与理论研究融合发展的趋势逐步显现。在"数据为王"的新时代,越来越多的智库将依托自主研发的数据库和模型库,对研究议题和发展战略开展决策咨询研究。从实践中发现并切入重大理论研究,实现理论创新。同时,用新的理论进一步指导智库实践,依托新理论、新视角、新方法,持续提升决策咨询服务质量。如今,大量智库正在采用并逐渐完善电话调查、问卷调查和大数据分析、定量评估、协调会与听证会、田野调查与实地调研、策略学和博弈论、沙盘推演的方法。

从智库的组织形式看,"小机构、大网络"是未来智库运行的主流方式。智库间的竞争说到底是人才的竞争。体制外智库灵活的用人机制会倒逼体制内智库尽快改变目前诸多"见物不见人"的智库管理制度。与此同时,只有充分借助于新媒体、新科技、社交网络与"云"的力量,智库才有望提升和延展思想传播的能力及效果。借助于互联网技术,智库将以更加智能、实时与交互的形式存在,人工智能等新科技将对智库进行从形态到内容的改造。我国智库将跟上和适应这些新变化,科技也或将智库的能力与影响力带入新境界。

从智库的功能作用看,智库必将成为我国国家治理体系的重要组成部分。加强中国特色新型智库建设,本质上是在建构一种公民参与、共商共议的社会秩序。智库被赋予承担这一社会职能的使命,把专业知识带入公共政策的制定,为科学决策提供"自下而上"的咨询与参考,从而决定了智库发展从内参模式走向政智互动模式的必然性。这一社会建构过程需要在互动中形成规则、增进认知、获取进展。互动以语言、文字、活动所承载的社会历史文化为媒介,以平等交流、沟通和协商为基本形式,以主体间的理解和共建为基础。为此,加强中国特色新型智库建设,充分满足了协商民主和国家共治的需求。同时,国家共治体系的相关举措也将有助于推进政府职能转型,增加公共决策的透明度与公信力,如有限度地公开决策信息、按程序制定公共政策等。"魔高一尺、道高一丈",问题和智库之间就是"魔"与"道"的关系。世界各国的智库都是在积极应对新问题、新困惑中成长起来的,公共问题介入得越深,智库作用发挥得越突出,智库也就发展得越好,公共问题也就能够得到更加圆满的解决。

第三章　国家治理现代化与智库建设现代化

2019年是中华人民共和国成立70周年,也是全面建成小康社会的关键之年。我国国内生产总值近100万亿元,稳居世界第二大经济体,人均国内生产总值迈上1万美元新台阶,已跻身全球中等收入国家行列。70年来,中国实现了从站起来到富起来,再到强起来的历史性转变,从世界舞台边缘走近中央、从国际规则的被动接受者向主动倡导者转变,在全球治理体系中发挥越来越重要的作用。70年来,中国始终坚持"和平发展"道路,从"和平共处五项原则"到"构建人类命运共同体",积极为完善全球治理体系贡献中国智慧、中国方案、中国力量。

2019年也是中国改革开放再出发的重要时间节点,党的十九届四中全会胜利召开,明确了国家治理体系和治理能力现代化的发展目标和重要举措;制定《外商投资法》;新设6个自贸区和上海自贸区临港新片区;成功举办了第二届"一带一路"国际合作高峰论坛和第二届中国国际进口博览会;中美贸易谈判取得阶段性成果;发布出台了《粤港澳大湾区发展规划纲要》《长江三角洲区域一体化发展规划纲要》《深圳建设中国特色社会主义先行示范区的意见》等重大发展战略。

与此同时,中国改革开放也进入了"大河奔流开新路,层峦竦峙争高峰""船到中流浪更急,人到半山路更陡"的攻坚克难阶段,迎来了百年未有之大变局,前进道路上遇到了各种风险与挑战。2019年,世界经济增长持续放缓,全球动荡源和风险点显著增多,大国竞争与博弈日益加剧,中美贸易摩擦、英国脱欧、香港"反修例"事件、人工智能和5G为代表的新科技革命、新冠病毒肆虐及其蝴蝶效应等,都使全球发展呈现更多不稳定、不确定性;国内经济下行压力加大、"三大攻坚战"任务艰巨、结构转型矛盾突出、公共安全和社会治理难度增加等,给中国未来发展提出了很多挑战。

如何正确认识判断形势,在大变局中保持清醒,在新时代牢牢把握机遇,有效应对挑战关键就是要坚持和完善中国特色社会主义制度,推进国家治理体系和治理能力现代化。这不仅呼唤中国智库要更多参与和推动国家治理现代化进程,而且也对中国智库自身建设的现代化提出了新的目标要求。在这样的时代大背景下,智库有责任回答好时代提出的国家治理现代化命题,同时也必须以自身的现代化建设为前提推动国家治理现代化。

本章是《中国智库报告(2019年)》的主要内容。

第一节 国家治理现代化进程中的智库建设

2019年10月召开的党的十九届四中全会审议通过了《中共中央关于坚持和完善中国特色社会主义制度、推进国家治理体系和治理能力现代化若干重大问题的决定》,强调坚持和完善中国特色社会主义制度,推进国家治理体系和治理能力现代化。全会明确指出,"当今世界正经历百年未有之大变局,我国正处于实现中华民族伟大复兴关键时期。战胜前进道路上的各种风险挑战,必须在坚持和完善中国特色社会主义制度、推进国家治理体系和治理能力现代化上下更大功夫"。在国家治理体系的诸多要素中,制度发挥着根本性、全局性、长远性的作用,国家治理的一切工作都需依照制度展开。作为决策咨询制度的重要组成部分,智库全面介入公共政策制定过程的制度安排,是科学民主依法决策的有力保障。纵观当今世界各国现代化发展历程,智库在国家治理中发挥着越来越重要的作用,日益成为国家治理体系中不可或缺的组成部分,是国家治理能力的重要体现。

一、国家治理现代化

实现现代化是近代以来中国人民矢志奋斗的伟大梦想。回顾历史,19世纪60—90年代,晚清洋务派进行了一场引进西方军事装备、机器生产和科学技术的"洋务运动"。19世纪后半期到20世纪上半期,中国资本主义民族工业开始在上海、广州、武汉、天津等大城市和沿海地区萌芽、发展与转型。1949年中华人民共和国成立后,从战争后国民经济和社会发展极其落后的起点出发,历经30多年的艰苦奋斗,初步建成了独立完整的工业体系和国民经济体系。

1978年党的十一届三中全会开启了改革开放的大幕,工业、农业、国防、科学技术"四个现代化"正式成为全党工作的重心。我们始终坚持以经济建设为中心,同时也认识到中国的现代化不仅是经济上的现代化，因而提出了物质文明和精神文明两手抓，两手都要硬。1992年，党的十四大又提出了物质文明、政治文明、精神文明三个文明。进入21世纪，再提出构建和谐社会，实际上就是社会文明。到党的十八大，又增加生态文明。至此，中国的现代化进程便形成了"五位一体"的战略布局，经济建设、政治建设、文化建设、社会建设和生态文明建设全面展开。

2013年党的十八届三中全会首次提出"推进国家治理体系和治理能力现代化"这个重大命题，并把"完善和发展中国特色社会主义制度、推进国家治理体系和治理能力现代化"确定为全面深化改革的总目标。这可以说是新中国继"四个现代化"之后的"第五个现代化"。如果说前四个现代化是增强国家的"硬实力"，那么第五个现代化则是提升国家的"软实力"。硬实力是国家生存发展的物质基础，而软实力是国家壮大强盛的制度基础。

中华人民共和国成立70年来，中国推进国家治理现代化取得显著成就，这与我们中国特色社会主义制度的探索是紧密联系在一起的。中华民族复兴所经历的从"站起来""富起来"向"强起来"跨越的历程，深刻地反映了现代中国"革命建国""发展富国""治理强国"的国家治理现代化逻辑。

习近平总书记指出，我们党在全国执政以后"在国家治理体系和治理能力上积累了丰富经验、取得了重大成果，改革开放以来的进展尤为显著"。我们成功建立起社会主义国家治理的基本制度框架，是适应现代技术、经济、社会及观念变革的现代政治体系构建过程，是在我国历史文化传承、经济社会发展基础上的伟大成就，为发展中国家探索现代化的国家治理贡献了中国经验和中国方案。

就国家治理体系与治理能力现代化而言，概括地说，总体目标就是到党成立100年时,在各方面制度更加成熟、更加定型上取得明显成效;到2035年,各方面制度更加完善,基本实现国家治理体系和治理能力现代化;到中华人民共和国成立100年时,全面实现国家治理体系和治理能力现代化,使中国特色社会主义制度更加巩固、优越性充分展现。重点任务包括"十三个坚持和完善",即坚持和完善党的领导制度体系、人民当家作主制度体系、中国特色社会主义法治体系、中国特色社会主义行政体制、社会主义基本经济制度、繁荣发展社会主义先进文化的制度、统筹城乡的民生保障制度、共建共治共享的社会治理制度、生态文明制度体系、党对人民军队的绝对领导制度、"一国两制"制度体系、独立自主的和平外交政策、党和国家监督体系等。

二、智库建设现代化

中华人民共和国成立70多年的历史,就是一部现代化实践的历史。实践和理论总是彼此相依,中国实践的背后一定有理论的探索,而这种学理支撑和方法论支持就有中国智库的贡献。因此,在中华人民共和国70年的发展历程中,智库一直在同步发展,从未缺席。智库为公共决策提供智力支撑,不仅为增强国家硬实力出谋划策,也为提升国家软实力贡献智慧。

当前,国家治理体系与治理能力现代化成为我国的"第五个现代化",智库作为国家治理体系和治理能力现代化的重要内容,智库建设现代化是题中应有之义,也是智库必须主动回答的时代命题。

那么,什么是智库建设现代化?

中国智库要实现自身现代化,必须顺应全球现代化发展潮流,具有与现代化要求相契合的思想、理念,采用现代化科学化的方式方法进行研究,具体体现在智库的功能定位、发展理念、人力资源、研究范式、管理体制、合作网络等方面的现代化,形成以特色功能为立足点、国家需求为导向、智库人才为中心、管理模式为保障、合作网络为拓展的现代化新型智库。

(一)功能定位特色化

2015年1月,中共中央办公厅、国务院办公厅印发的《关于加强中国特色新型智库建设的意见》对智库定位和功能提出非常明确的要求,"到2020年形成定位明晰、特色鲜明、规模适度、布局合理的中国特色新型智库体系。充分发挥中国特色新型智库咨政建言、理论创新、舆论引导、社会服务、公共外交等重要功能"。

一个卓有成效的智库,关键要根据外部环境要求和自身特点优势,形成独特的功能定位。外部环境要求指的是公共决策部门和社会大众对智库的期待,自身特色优势是智库在运行过程中形成的社会资源、人力资源、智库产品、功能作用等方面优势。

任何一个智库都不可能"包打天下",也没必要"面面俱到"。国家级智库和地方智库的服务对象不同,历史较长的智库和新兴智库组织文化各异,不同领域的智库研究内容侧重点不同。有的智库擅长咨政建言和理论创新,有的则擅长舆论引导和社会服务,还有的在发挥二轨外交功能上具有独到之处。

此外,智库类型除了党政智库、社科院智库、高校智库、社会智库,还存在同时有官方背景和体制外机制的"混合型智库"。在思想和政策市场的舞台上,不同的智库不仅可以是竞争者,还可以是取长补短的合作者,共同承担着向公共决策部门提供智力支持的任务。所谓"百家争鸣、百花齐放",各家各户都身怀绝技,百花群芳而多姿多彩,从而形成多样多元、布局合理、生动活泼的智库发展生态。

在上海社会科学院智库研究中心收集的中国智库备选池中的796家智库中,高校智库从149家(2018年)增加到298家(2019年),社会智库从57家(2018年)增长到74家(2019年),企业智库从36家(2018年)增长到49家(2019年),这些智库的增长都体现出除了传统党政智库、科研院所智库之外,各种类型的智库进入蓬勃发展阶段,而其定位也更加特色化、多元化、专业化。

(二) 选题方向时代化

议题设置是一个智库的核心竞争力,也是体现其生命力的关键。中央的要求非常明确,"紧紧围绕党和政府决策急需的重大课题,围绕全面建成小康社会、全面深化改革、全面推进依法治国的重大任务"开展研究。也就是说,中国智库要紧跟时代潮流,坚持问题导向、时间导向、效果导向,切实回答时代命题、人民的期盼,把文章写在祖国"大地"上。

分析发现,2019年中国智库的选题紧扣时代热点,主要集中在中华人民共和国成立70周年、中美贸易摩擦、自贸试验区、"一带一路"、数字经济、金融开放、区域协调发展、精准扶贫与乡村振兴、WTO改革、新冠疫情防控和公共卫生体系建设、新型全球化、党的建设等多个方面。

同时,当下中国智库发展还有一个很有特色的现象就是各类智库联盟纷纷兴起,有很多是针对国家重大战略的智库联盟,如"一带一路"智库合作联盟、中国宏观经济智库联盟、粤港澳大湾区智库联盟、"一带一路"国际智库合作委员会、长江经济带高质量绿色发展智库联盟等。各个智库都在瞄准国家重大战略发力,通过联盟形式加强合作与交流。

智库选题热点和智库联盟兴起表明,智库界普遍认为需要在事关国家发展的重大时代命题上深耕细作,才能紧跟现代化步伐,才能保持智库的生命力。

(三) 人才资源复合化

人才是现代化智库的最核心要素。在一些传统的哲学社会科学研究机构,有不少科研"个体户",人员之间缺少协作协同。面对当今不确定性时代给出的复杂命题,不可避免地会产生缺少标志性领军人才,人员一盘散沙,无法形成合力,思路比较局限,成果有失偏颇等问题。

为了提升智库质量,智库展开"抢人大战",纷纷在全球范围招募各种学科背景、实践经验、岗位技能的人才,并促进多元化人才的复合,以实现全球人才深度合作,形成"1+1>2"的效果。

人才的多元化不等同于复合化。多学科背景和实践经验的人才,各种研究、助理、管理人才等共聚一堂,有时并不能形成更大的合力。如果没有共同的价值观、合理的工作分工、高效的管理、公正的薪酬等运行机制的保障,人力资源复合效用的发挥是难以实现的。

(四) 研究方法科学化

与学术研究相比,智库的研究对象主要是公共政策,因此研究的方法论存在差异。智库研究虽然同样需要遵循学术标准,但不一定需要完全遵循一些具体的学术范式,而有其一套独特的、实用的、科学的,而且在实践中不断创新的方法。

国际一流智库普遍重视研究方法的创新和发展,如布鲁金斯学会的"布鲁金斯学会模式",兰德公司的德尔菲法、系统分析法、情景规划法等,日本科技与学术政策研究所用于分析识别科学领域热点研究方向的"科学地图"方法,欧盟联合研究中心的"未来导向技术分析"(FTA)方法体系等,这些智库研究方法都成为成就其各自盛名的有力工具。

我国的智库大多是社会科学领域的,在其研究中定性研究方法占主导地位,主要依靠文献综述、实地调研、个人经验、专家智慧等开展研究工作。但在面对当今涉及社会科学、自然科学、工程技术等多领域的复杂问题时,研究方法必须要创新,要跟得上问题的变化,要能行之有效。中国科学院科技战略咨询研究院在实践中形成了智库DIIS(收集信息—揭示信息—综合研判—形成方案,Data-Information-Intelligence-Solution)方法论,并分别提出解决大规模、中规模和小规模智库问题的智库DIIS方法和智库报告DIIS写作规范,对保证智库研究的规范性与高质量有很好的价值。

需要特别阐述的是,新科技的应用推动智库的研究方式发生重要转型。利用日新月异的互联网、大数据、人工智能等技术手段推进研究已经成为智库界的"时尚"。

比如,大数据挖掘本身成为决策知识的发现过程。智库研究既可以利用先进方法收集数据,使研究的数据基础更加充实,也可以借助于专门的数据挖掘方法对分布式的海量数据开展数据分析,它们被用来预测全球流行病,预测网络用户的偏好等。还可以通过空间分析强化分析结果,采用可视化技术全景化地展示智库研究成果,进而优化智库产品形态。总之,智库研究方法正在从"小数据分析范式"向"大数据预测范式"转变。

（五）管理模式现代化

智库作为一类组织，要实现现代化发展，对于智库负责人来说可以理解为一个管理学意义上的命题。与企业、政府、学校的现代化发展一样，智库的现代化从根本上是体制机制创新。智库作为影响公共政策、促进国家现代化的组织，特别要加强适应自身特点的现代化管理。

中国智库脱胎于党政机关内部的研究部门、事业单位性质的社科院、高校中的研究所等，这些机构在向智库转型前，目标导向、管理体制都遵从于党政机关、事业单位等统一规定，并不完全适应中国新型智库建设的导向和要求。比如，事业单位经费管理参照党政机关，有固定的经费来源、详细的预算科目、严格的使用制度等。而作为现代化智库，研究任务中固然有长期跟踪、深入研究的课题，但也会有随着社会公共事件和政策需求动态变化的任务，这表明知识产生过程本身就是具有不确定性的，因此应该给予选题、经费使用等以灵活的空间和较大的自主权。

既然智库是生产知识的，这就需要以知识生产者为中心，即以人才为中心，这是现代化组织公认的原则。智库在自身管理体制机制的设计上更加应该遵循以人才为中心的原则，管理和服务都要围着人才转。

知识工作者不同于流水线上的工人，他们从事的劳动往往是高度复杂的，他们之间的信息沟通、人际关系也呈现出一种网络结构。因此，智库机构的管理架构要强调扁平化、网络化管理，而不是严格的科层制管理架构。

（六）合作网络国际化

智库是国际传播和对外话语体系建设的中坚力量。在人类命运共同体的大格局下，中国智库要想称得上"现代化"，就必须将视野放在全球，将目标瞄准国际先进，将研究拓展至世界前沿，在国际上享有话语权。如同中国改革开放、加入WTO一样，智库也要"入世"，所以中国智库在研究选题上要有国际眼光，要研究中国和世界面临的重大问题和挑战。在研究上要加入国际智库研究的大循环，不断参与国际对话，加强国际交流合作，努力学习世界先进智库的运作经验，吸收国际高层次人才。还可以第三方的身份担当民间外交使者，发起打造高水平的国际论坛，积极参与国际学术会议，搭建国际交流平台，提供国际问题的中国方案，开辟高层对话的第二轨道，不断在国际社会上发出中国智库声音。

世界各国文明不同，发展模式不同，对问题的解决方案不同，有差异很正常。智库在国际化过程中想要消除研究立场、理论、观点的差异和争议是不可能的，也是没有必要的，更重要的是"求同存异""互学互鉴"。我们既要努力让他国理解中国，也要充分尊重、学习和理解他国的经验和理念。

三、国家治理现代化与智库建设现代化的关系

党的十九届四中全会提出的国家治理体系与治理能力现代化，其目标和宗旨是坚持和完善中国特色社会主义制度，构建系统完备、科学规范、运行有效的制度体系，加强系统治理、依法治理、综合治理、源头治理，把我国制度优势更好转化为国家治理效能。

在国家治理现代化的进程中,全社会各个方面、各行各业都要朝着这个大方向、总目标迈进,找准自己的定位,做出各自的努力,实现自身现代化。智库当然要勇立潮头,在国家治理现代化进程中做时代的弄潮儿。

一方面,智库建设现代化是国家治理现代化的重要内涵,也是思想先导、理论动力和重要推手,智库将紧紧围绕党和国家工作大局和经济社会发展重大问题进行研究;另一方面,国家治理现代化为智库建设现代化提供制度保障和基础条件,特别是党的领导为中国智库现代化提供了立场、方向、原则和道路的根本保证,科学、民主、法治的决策体制则直接推动智库建设的现代化。

(一)现代化智库是国家治理现代化的思想利器

国家治理现代化需要思想和理论指引,也需要在具体的治理过程中应用正确的思想和理论。智库作为提供思想和理论的机构,堪比"国之重器",助力国家治理现代化是现代化智库的应有之责,也是中国智库功能发挥的关键所在。

具体到中国坚持和完善社会主义制度、推进国家治理体系和治理能力现代化,包含两个层面的意思:

一是国家治理体系现代化,就是在党的领导下,国家的制度体系要实现现代化。中国特色社会主义制度的不断发展和完善,新时代需要与时俱进的制度创新,在这一过程中,智库主要发挥理论创新、战略谋划等功能,为治理体系现代化提供理论滋养,为科学制度体系的建立提供理论和智力支撑。

二是治理能力现代化,就是运用国家制度管理社会各方面事务的能力现代化,是中国特色社会主义制度的执行能力和执行效能的不断提升。在这一过程中,智库主要发挥咨政建言、政策评估、舆论引导、启迪民智、服务社会、公共外交等功能,成为党和政府与社会公众之间的桥梁和纽带,在政策制度实施效果与社情民意沟通中起好作用。

这在某种意义上就构成了"国家之智(智库)—国家之制(治理体系)—国家之治(治理能力)"的良性传导链条。

（二）国家治理现代化是智库建设现代化的根本保障

智库现代化发展受益于国家治理体系和治理能力现代化。国家治理现代化的发展必将推动整个社会各种资源要素优化配置、高效运转,激发各行各业活力,客观上也会破解制约智库机构发展的体制机制矛盾,更好吸引各种资源进入智库行业,为智库营造良好的生态环境,推动智库现代化发展。

由此,也形成了"国家之制(治理体系)—国家之治(治理能力)—国家之智(智库)"的良好保障链条。

综合以上两个方面,如图 3-1 所示,智库建设现代化与国家治理现代化形成了一个完整的闭环,并呈现良性的循环上升过程。

反之,如果没有智库的现代化,国家决策的民主化、科学化就难以很好地实现,国家治理现代化的目标就难以达成。如果国家治理现代化步伐不够快,就无法给智库现代化营造良好的外部环境,智库建设现代化也将会困难重重。

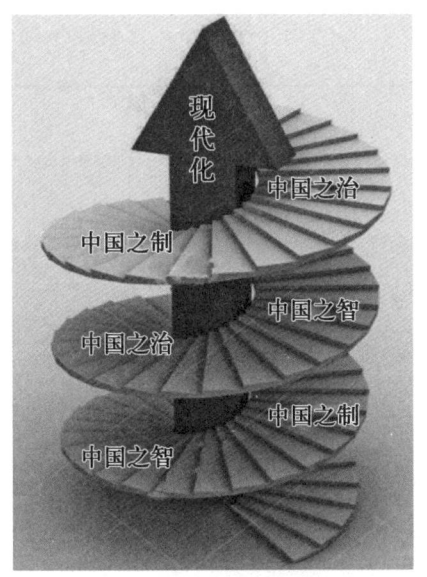

图 3-1 中国之"智""制""治"的循环

第二节 2019年中国智库发展图景

截至2019年底,上海社会科学院智库研究中心的中国智库数据库共收录了全国31个省(区、市)796家智库(不包括港、澳、台地区)的相关信息,统计分析如下。

一、智库分布

从类型来看,如表3-1所示,国家党政/科研院所、地方党政、地方科研院所、高校智库占比共计83%,是中国智库发展的主力军。其中高校智库占比38%,数量最多,是中国特色新型智库的重要力量。

表3-1 智库类型统计

智库类型	数量(家)	占比(%)
高校智库	298	38
地方科研院所智库	141	18
国家党政/科研院所智库	115	14
地方党政智库	103	13
社会智库	74	9
企业智库	49	6
军队智库	16	2
合 计	796	100

第三章　国家治理现代化与智库建设现代化

从地域来看,如表 3-2 所示,作为政治中心,北京拥有占全国近 1/3 的智库,其次是上海、广东。这表明智库数量与地区社会经济发展程度密切相关。

表 3-2　智库在各省(区、市)的分布情况

序　号	省(区、市)	智库数量
1	北　京	245
2	天　津	32
3	河　北	11
4	辽　宁	18
5	上　海	88
6	江　苏	21
7	浙　江	31
8	福　建	17
9	山　东	28
10	广　东	40
11	海　南	4
12	四　川	31
13	贵　州	5
14	云　南	32
15	西　藏	3
16	陕　西	8

续表

序　号	省(区、市)	智库数量
17	甘　肃	7
18	青　海	4
19	宁　夏	5
20	新　疆	5
21	重　庆	10
22	广　西	29
23	内蒙古	5
24	山　西	5
25	吉　林	8
26	黑龙江	22
27	安　徽	15
28	江　西	20
29	河　南	6
30	湖　北	19
31	湖　南	22
合　计		796

各省(市)纷纷出台支持重点智库发展的政策措施,以支持地方公共政策研究。省重点智库一般是指以省情和公共政策为主要研究对象,以服务省委省政府科学民主依法决策为宗旨的非营利性研究咨询

机构。截至2019年底,共收集到全国15个省(区、市)的279家重点智库,具体见表3-3所示。

表3-3 全国部分省(区、市)重点智库数量

(单位:家)

省份	设立年份	管理部门	重点智库数量	地方党政	国家科研院所	地方科研院所	高校智库	社会智库	企业智库	媒体智库
江苏	2015—2016	省委宣传部	26	1		3	20	2		
湖南	2015	省委办公厅、省政府办公厅	7	2		1	4			
安徽	2016	省委宣传部	15	3		3	8	1		
湖北	2016	省委	10	1		2	7			
河北	2017	省委宣传部	18	4		1	13			
云南	2017	省委宣传部	30	4		4	19	2		1
广西	2017	省决咨委	22	4		3	9	3	2	1
广东	2017	省委宣传部	15		1	2	11	1		
黑龙江	2017	省委宣传部	20	3		2	13	2		
四川	2017	省委	22	3		7	12			
浙江	2018	省社联哲社办	21	2		5	13	1		

续 表

省份	设立年份	管理部门	重点智库数量	地方党政	国家科研院所	地方科研院所	高校智库	社会智库	企业智库	媒体智库
山东	2018	省社联哲社办	15	1		3	9	1	1	
辽宁	2018	省决咨委	27	4		10	11	1	1	
江西	2018	省委宣传部	17	2		4	11			
北京	2018	市委宣传部	14	4		2	7			1
总数			279	38	1	52	167	14	4	3

二、智库期刊

智库期刊是智库成果呈现的平台和载体,它不同于一般的学术期刊,是以现实问题和社会需求为导向,以政策思想研究为主体,以学术情怀关照现实问题,运用理论阐述和实证分析方法进行的对策应用性研究,是智库学术影响力的重要体现。同时,智库期刊也不同于内参专报,其受众面更广泛,面向决策部门、专家学者、社会公众,直接或间接地影响政策举措。

国内外重要智库机构都主办一些公开发行的期刊,大多刊发基于理论分析的智库研究类文章,而非纯学科理论性文章,还有一些传统报纸在新闻类消息、评论类文章、理论型文章之外专门开设《智库》栏目,用以刊发智库类文章。中国科学院战略研究院将国内影响力较大的智库期刊组成智库期刊群(1.0版)。

第三章 国家治理现代化与智库建设现代化

表 3-4 重要智库期刊

期刊名称	主办单位
标准科学	中国标准化研究院、中国标准化协会
财经智库	中国社会科学院财经战略研究院
财贸经济	中国社会科学院财经战略研究院
财政科学	中国财政科学研究院
产业经济评论	电子工业出版社
城市发展研究	中国城市科学研究会
当代世界与社会主义	中央党史和文献研究院、中国国际共运史学会
发展研究	中国区域经济学会、福建省人民政府发展研究中心
管理科学学报	国家自然科学基金委员会管理科学部
管理评论	中国科学院大学
管理世界	中华人民共和国国务院发展研究中心
国际关系研究	上海社会科学院国际关系研究所
国际石油经济	中国石油集团经济技术研究院
海峡科技与产业	科技部海峡两岸科技交流中心
宏观经济管理	中华人民共和国国家发展和改革委员会
宏观经济研究	国家发改委宏观经济研究院
技术经济	中国技术经济学会
经济管理	中国社会科学院工业经济研究所
经济科学	北京大学
经济理论与经济管理	中国人民大学
经济学动态	中国社会科学院经济研究所

续　表

期　刊　名　称	主　办　单　位
经济研究	中国社会科学院经济研究所
经济研究参考	经济科学出版社
开发性金融研究	国家开发银行、中国人民大学
科学决策	中国社会经济系统分析研究会、国务院发展研究中心国际技术经济研究所、中国航天工业总公司710研究所
科学学研究	中国科学学与科技政策研究会
科学学与科学技术管理	中国科学学与科技政策研究会、天津市科学学研究所
科学与社会	中国科学院科技战略咨询研究院、中国科学院学部
科研管理	中国科学院科技战略咨询研究院、中国科学学与科技政策研究会
南亚研究	中国社会科学院亚太与全球战略研究院、中国南亚学会
农业科研经济管理	中国农学会
清华金融评论	清华大学
情报理论与实践	中国国防科学技术信息学会、中国兵器工业集团第二一〇研究所
情报学报	中国科学技术情报学会、中国科学技术信息研究所
情报资料工作	中国人民大学
全球科技经济瞭望	中国科学技术信息研究所、科学技术文献出版社
上海经济	上海社会科学院应用经济研究所
上海经济研究	上海社会科学院经济研究所
社会学研究	中国社会科学院社会学研究所

续 表

期刊名称	主办单位
世界经济	中国社会科学院世界经济与政治研究所、中国世界经济学会
世界经济研究	上海社会科学院世界经济研究所
世界科技研究与发展	中国科学院成都文献情报中心
世界社会主义研究	中国社会科学院信息情报研究院、社会科学文献出版社
数量经济技术经济研究	中国社会科学院数量经济与技术经济研究所
图书情报工作	中国科学院文献情报中心
系统工程理论与实践	中国系统工程学会
系统工程学报	中国系统工程学会
智库理论与实践	中国科学院文献情报中心、南京大学
中国工业和信息化	中国电子信息产业发展研究院、赛迪工业和信息化研究院(集团)有限公司
中国管理科学	中国优选法统筹法与经济数学研究会、中国科学院科技战略咨询研究院
中国国土资源经济	中国地质矿产经济学会、中国国土资源经济研究院
中国经济史研究	中国社会科学院经济研究所
中国科技论坛	中国科学技术发展战略研究院
中国科技史杂志	中国科学技术史学会、中国科学院自然科学史研究所
中国科学院院刊	中国科学院
中国能源	国家发展和改革委员会能源研究所

续 表

期 刊 名 称	主 办 单 位
中国软科学	中国软科学研究会
中国社会科学	中国社会科学杂志社
资源科学	中国科学院地理科学与资源研究所

数据来源：中国科学院战略咨询研究院《智库期刊群（1.0 版）》。

三、智库研究国家课题

国家社科基金年度项目由全国哲学社会科学工作办公室组织申报，主要资助对经济社会发展具有重要价值的专题性应用研究和对学科建设具有重要意义的一般性基础研究。本部分对近 10 年来国家社科基金中智库相关项目进行分析，从立项年份、项目类别、研究内容、作者所属系统等维度来发现智库研究趋势与关注点。

从国家社科基金项目数据库查询，2011 年以来全国共立项与智库相关项目 36 项。从立项年份来看，2011—2014 年立项 4 项课题，2015 年以来立项 32 项，仅 2015 年一年就立项 10 项，反映出 2015 年中央印发《关于加强中国特色新型智库建设的意见》后国家对智库研究越来越重视。

从研究内容看，9 项课题名称中包含"中国特色新型智库"，主要对中国特色新型智库的体制机制建设和路径选择进行研究；12 项课题聚焦国际智库的发展经验、与中国的合作或对华认识；9 项课题针对中国智库发展中的知识服务和信息支撑进行研究。

从学科分类看，图书馆、情报与文献学 10 项，国际问题研究 9 项，政治学 6 项，马列·科社 4 项，其他体育、哲学、语言、管理学等 7 项。

第三章 国家治理现代化与智库建设现代化

表3-5 2011—2019年智库研究国家课题一览表

序号	年度	项目类别	学科分类	项目名称	负责人	专业职务	工作单位	所属系统
1	2019	一般项目	马列·科社	中国特色新型智库建设体制机制研究	张宏宝	正高级	华南师范大学	高等院校、其他学校
2	2019	一般项目	图书馆、情报与文献学	美国著名智库网络影响力研究及启示研究	陈媛媛	副高级	新疆师范大学	高等院校、其他学校
3	2019	青年项目	马列·科社	中国特色新型智库法治化建设路径研究	丁启明	中级	中国社会科学院社会科学文献出版社	中国社会科学院
4	2018	重点项目	国际问题研究	全球主要智库的作用及对我国的启示研究	王莉丽	副高级	中国人民大学	高等院校、其他学校
5	2018	重点项目	图书馆、情报与文献学	创新驱动的中国特色新型智库知识服务发展机制研究	申静	正高级	北京大学	高等院校、其他学校
6	2018	一般项目	国际问题研究	全球主要智库的影响及对我国的启示研究	陈广猛	正高级	四川外国语大学	高等院校、其他学校
7	2018	一般项目	管理学	新时代中国特色新型智库体制机制创新研究	伍聪	副高级	中国人民大学	高等院校、其他学校

续表

序号	年度	项目类别	学科分类	项目名称	负责人	专业职务	工作单位	所属系统
8	2018	一般项目	管理学	以军民融合方式推动中国特色新型军事智库建设研究	赵海涛	副高级	军事科学院	军队系统（包括地方军队院校）
9	2018	一般项目	图书馆、情报与文献学	面向我国特色新型智库的信息支撑模式研究	杨峰	正高级	广东财经大学	高等院校、其他学校
10	2018	一般项目	图书馆、情报与文献学	面向智库建设的图书馆知识服务模式和创新路径研究	黄务兰	正高级	常州大学	高等院校、其他学校
11	2018	一般项目	图书馆、情报与文献学	新时代中国特色新型智库的知识服务研究	周刚	副高级	苏州科技大学	高等院校、其他学校
12	2018	一般项目	体育学	国家治理体系和治理能力现代化背景下的体育智库影响力研究	代方梅	副高级	湖北大学	高等院校、其他学校
13	2017	后期资助项目	国际问题研究	日本智库研究：经验与借鉴	胡薇	副高级	中国社会科学院中国社会科学评价中心	中国社科院

续表

序号	年度	项目类别	学科分类	项目名称	负责人	专业职务	工作单位	所属系统
14	2017	后期资助项目	国际问题研究	德国智库研究	国懿	中级	浙江大学	高等院校
15	2017	西部项目	图书馆、情报与文献学	大数据背景下智库决策支持信息保障协同创新机制研究	赵豪迈	正高级	陕西师范大学	高等院校、其他学校
16	2017	一般项目	语言学	基于语料库的美国智库涉华政治话语的批评性分析	支永碧	正高级	苏州科技大学	高等院校、其他学校
17	2017	一般项目	图书馆、情报与文献学	新型智库协同知识管理能力与智慧服务创新研究	刘春艳	副高级	黑龙江大学	高等院校、其他学校
18	2017	一般项目	国际问题研究	美国智库关于中国南海问题的研究述评（2009—2016）	庞卫东	副高级	河南牧业经济学院	高等院校、其他学校
19	2016	一般项目	图书馆、情报与文献学	文献信息机构服务智库功能与能力研究	刘伟东	正高级	黑龙江省社会科学院	省、市社会科学院

续表

序号	年度	项目类别	学科分类	项目名称	负责人	专业职务	工作单位	所属系统
20	2016	一般项目	哲学	绿色发展视野中的生态文明智库建设和评价研究	杨发庭	中级	中国社会科学院	中国社会科学院
21	2015	重点项目	政治学	中国特色新型智库调查、评价与建设方略研究	蔡继辉	副高级	中国社科院社会科学文献出版社	中国社会科学院
22	2015	一般项目	国际问题研究	丝绸之路人文外交背景下的中阿智库合作研究	李意	副高级	上海外国语大学	高等院校、其他学校
23	2015	一般项目	马列·科社	西方智库反思对华误判和重构对华认知的跟踪研究	刘杉	副高级	武汉大学	高等院校、其他学校
24	2015	一般项目	图书馆、情报与文献学	图书馆智库职能与群体化新型智库建设研究	张旭	正高级	山东省委党校	各级党校
25	2015	一般项目	图书馆、情报与文献学	情报学视野下我国智库运行机制和能力体系建设研究	卓翔芝	正高级	淮北师范大学	高等院校、其他学校

第三章 国家治理现代化与智库建设现代化

续表

序号	年度	项目类别	学科分类	项目名称	负责人	专业职务	工作单位	所属系统
26	2015	一般项目	体育学	国家治理背景下的体育智库研究	刘盼盼	副高级	郑州大学	高等院校、其他学校
27	2015	一般项目	政治学	中国特色新型智库参与公共政策过程研究	果佳	副高级	北京师范大学	高等院校、其他学校
28	2015	青年项目	政治学	我国智库过程介入公共政策过程的效果及其提升路径研究	柏必成	中级	河南省委党校	各级党校
29	2015	青年项目	政治学	中国特色新型智库建设的政府规制研究	韩万渠	中级	河南师范大学	高等院校、其他学校
30	2015	西部项目	马列·科社	我国智库维护意识形态安全的功能及实现机制研究	吴艳东	副高级	西南大学	高等院校、其他学校
31	2014	重大项目	图书馆、情报与文献学	国际智库当代中国研究数据库重要专题研究	张树华	正高级	中国社科院信息情报院	中国社会科学院
32	2014	一般项目	国际问题研究	中国智库的国际媒体影响力分析与话语权战略研究	吴瑛	副高级	上海外国语大学	高等院校、其他学校

69

续表

序号	年度	项目类别	学科分类	项 目 名 称	负责人	专业职务	工作单位	所属系统
33	2013	青年项目	国际问题研究	印度智库与印度对华外交政策研究	胡潇文	初级	云南省社会科学院	省、市社会科学院
34	2012	西部项目	政治学	中国外交智库的发展、运行和功能研究	陈广猛	中级	四川外语学院	高等院校、其他学校
35	2012	青年项目	政治学	中国智库核心竞争力研究	王莉丽	中级	中国人民大学	高等院校、其他学校
36	2011	一般项目	国际问题研究	美国公共政策过程中的智库因素研究	刘文祥	正高级	湖北大学	高等院校、其他学校

数据来源：国家社会科学基金科研创新服务管理平台。

从研究内容和学科分类可以看出,体制机制建设、知识信息服务、国际经验等对于智库研究和发展有重要价值和意义。

从作者专业职务看,正高级和副高级共有28位,研究水平较高。

从作者所属系统看,26位来自高等学校、其他学校,5位来自中国社会科学院、中国科学院,其他各级党校、省市社科院、军队系统5项,高校是研究的主力。

四、智库政策

2019年,党中央、国务院和一些部委出台了很多重大政策文件,其中包含支持推进专业性智库建设的政策举措,包括资金、体制改革、机制创新等方面,以鼓励智库向专业化、特色化方向发展。

表3-6 2019年中央出台文件政策中涉及智库发展的内容

时间	发布单位	政策名称	相关内容
2019年2月	中共中央、国务院	《中国教育现代化2035》	提高高等学校哲学社会科学研究水平,加强中国特色新型智库建设
2019年2月	中共中央、国务院	《粤港澳大湾区发展规划纲要》	支持内地与港澳智库加强合作,为大湾区发展提供智力支持
2019年2月	中共中央	《社会主义学院工作条例》	中央社会主义学院和具备条件的地方社会主义学院可以建立统一战线智库,开展统一战线重大理论和实践问题研究
2019年6月	国家体育总局	《反兴奋剂工作展规划(2018—2022)》	加强反兴奋剂新型智库建设,建立健全决策咨询制度

续 表

时　间	发布单位	政策名称	相关内容
2019年6月	国家医疗保障局	《医疗保障标准化工作指导意见》	汇聚各方力量建立高水平医疗保障标准化智库
2019年7月	工信部、教育部、人社部等十部门	《加强工业互联网安全工作的指导意见》	依托国家专业机构等，打造技术领先、业界知名的工业互联网安全高端智库
2019年7月	国家体育总局、外交部、国家发改委等十四部门	《武术产业发展规划（2019—2025年）》	强化产业智力支持，组建跨学科、专业化、综合性的武术产业智库
2019年9月	中共中央、国务院	《交通强国建设纲要》	推进交通高端智库建设，完善专家工作体系
2019年9月	中共中央	《中国共产党农村工作条例》	注重发挥智库和专业研究机构作用，提高决策科学化水平
2019年10月	工信部、国家发改委、教育部等十三部门	《制造业设计能力提升专项行动计划（2019—2022年）》	搭建设计创新智库咨询服务体系，鼓励开展组织体系建设等咨询服务以及行业前瞻性研究
2019年12月	交通运输部	《推进综合交通运输大数据发展行动纲要（2020—2025年）》	引导建立综合交通运输大数据智库
2019年12月	交通运输部	《关于进一步提升交通运输发展软实力的意见》	加快建设交通运输行业新型智库

五、智库联盟

智库发展不仅有中央、部委和省市的支持，各智库单位还"合纵连横"，纷纷成立各种类型的联盟，以整合研究力量、提升影响力。

表 3-7 面向国家重大战略和主题的智库联盟

序号	智库联盟名称	成立时间	联盟单位
1	越南研究智库联盟	2019年1月	广西人文社会科学发展研究中心、广西师范大学、郑州大学以及浙江工业大学等院校及研究机构共同发起成立
2	中国自由贸易试验区智库联盟	2019年4月	海南省社科联(社科院)发起倡议,并联合国内其他11个建立自贸试验区的省市社会科学机构、自贸试验区管理部门等相关单位共同成立,目前共有近50家成员单位
3	"一带一路"国际智库合作委员会	2019年4月	新华社研究院联合15家中外智库共同发起
4	数字中国智库联盟	2019年5月	北京国际城市发展研究院、贵阳创新驱动发展战略研究院、中正智库等20家机构作为创始发起单位,相关高等院校、科研院所、智库机构、企业等50余家单位共同创建
5	粤港澳大湾区智库联盟	2019年6月	由粤港澳大湾区研究院、香港"一国两制"研究中心、澳门发展策略研究中心发起成立
6	中沙丝路智库联盟	2019年6月	由对外经济贸易大学发起,联合沙特阿拉伯王国乌姆古拉大学、沙特阿拉伯王国国王大学、沙特阿拉伯王国阿卜杜拉阿齐兹国王大学、中国社会科学院、浙江大学、中国国防金融研究会、大国策智库等中沙多所高校及研究机构共同成立
7	粤港澳大湾区侨商智库联盟	2019年8月	湾区内多所高校研究机构和社会智库
8	中国石油"一带一路"智库联盟	2019年8月	中国石油企业协会联合集团公司政策研究室、国际部、思想政治工作部、国际勘探开发公司、国际事业公司、经济技术研究院、规划总院等内部研究力量成立

续 表

序号	智库联盟名称	成立时间	联盟单位
9	全国文化智库联盟	2019年8月	由社会科学文献出版社、北京观恒文化发展研究院、中国社会科学院中国文化研究中心共同发起,成员单位包括全国高校、科研院所以及政府部门所属智库
10	中国健康智库联盟	2019年9月	中关村新智源健康管理研究院、武汉大学全球健康中心、海南南海健康产业研究院、中南大学健康管理研究中心、武汉大学西南研究院、四川天府健康产业研究院、上海创奇健康发展研究院、深圳市卫生健康研究中心、安徽省健康发展战略研究中心等单位
11	中欧足球智库联盟	2019年9月	由东中西部区域发展和改革研究院倡议,中国国际贸易学会(中国商务部)、同济大学国际足球学院(上海)和德国科隆足球俱乐部等共同发起成立
12	"一带一路"教育智库联盟	2019年10月	长江教育研究院、方略研究院、华中师范大学教育学院、陕西师范大学教育学院、北京外国语大学国际教育学院、天津大学教育学院等21家教育智库
13	长江经济带高质量绿色发展智库联盟	2019年10月	由中国宏观经济研究院和国家开发银行研究院联合22家研究机构发起成立
14	人文丝路智库联盟	2019年11月	对外经济贸易大学中国特色社会主义理论研究协同创新中心发起,巴基斯坦、奥地利、沙特等国大学和机构加入
15	京津冀食品安全智库联盟	2019年12月	中国农业大学北京食品安全政策与战略研究基地、北京工商大学食品政策研究中心、天津科技大学食品安全战略与管理研究中心、河北农业大学经济管理学院及食品科技学院

续 表

序号	智库联盟名称	成立时间	联 盟 单 位
16	长三角区域一体化发展智库联盟（苏州）	2019年12月	上海交通大学中国城市治理研究院、浙江大学土地与国家发展研究院、江苏城市智库、合肥区域经济与城市发展研究院、东吴智库等
17	共抓长江大保护科技创新联盟	2019年12月	中国节能环保集团有限公司、水利部长江水利委员会、清华大学、中国科学院生态环境研究中心等16家单位

表 3-8 面向区域发展的智库联盟

序号	智库联盟名称	成立时间	联 盟 单 位
1	江苏新智库联盟	2019年1月	新华传媒智库联合长江产业经济研究院、江苏长江经济带研究院、江苏省社科院区域现代化研究院、南京大学城市科学研究院等10多家智库共同成立
2	长三角地区党校（行政学院）智库联盟	2019年3月	上海市委党校、江苏省委党校、浙江省委党校、安徽省委党校
3	天津河西区成立统一战线建言献策智库联盟	2019年5月	河西区统一战线各领域成员
4	金鸡湖智库联盟	2019年5月	来自政府、高校、社会、企业等的27家单位
5	长三角智库联盟	2019年10月	长三角地区"三省一市"以社会智库、高校智库为主体的30多家智库机构在"上海全球智库论坛"上倡议发起的智库联盟
6	徐州智库联盟	2019年11月	徐州市社科联牵头,全市自然科学界与社会科学界各类智库共同成立

表 3-9 高校智库联盟

序号	智库联盟名称	成立时间	联盟单位
1	河南省高校高端智库联盟	2019年1月	郑州大学公共管理研究中心、河南大学中原发展研究院等64家河南省高校智库
2	长三角高校智库联盟	2019年10月	由复旦大学倡议,复旦大学、上海交通大学、南京大学、浙江大学、中国科学技术大学5所高校共同发起
3	中国校地合作联盟	2019年12月	佛山科学技术学院、佛山绿色发展创新研究院等38家院校及企业
4	红色文化智库联盟	2019年12月	北京大学中国战略研究中心、清华大学中国经济研究中心、外交学院中国外交研究中心、中国人民大学东亚研究中心、北京外国语大学联合国与国际组织研究中心、中国政法大学周边外交研究中心等10多家高校智库

第三节 2019年中国智库发展动态

2019年,国内智库聚焦国家战略,积极组织、参与重大政策决策的研究与讨论工作,围绕"新中国成立70周年""中美贸易摩擦"和"一带一路"等重大议题,提出一系列咨询报告和对策建议,在决策服务、舆论引导、对外交流等方面发挥了重要作用。本节主要对2019年国内活跃智库的新动态和研究选题新热点进行盘点梳理,总结2019年国内智库发展年度特点,同时梳理了2019年6月召开的"全国哲学社会科学工作办公室国家高端智库建设经验交流会"上24家国家高端智库的3年建设经验。

一、活跃智库动态盘点

（一）智库在政府决策中的地位作用进一步加强

一是党和国家领导人出席重大智库活动，借助于智库平台向世界传递中国声音。3月28日，李克强总理、韩正副总理、王岐山副主席出席国务院发展研究中心主办的"中国发展高层论坛2019年会"；4月9日—10日，习近平主席向"中国非洲研究院成立大会"致贺信，表达了继续深化中非传统友谊、密切交流合作、促进文明互鉴的真诚意愿。4月24日，习近平主席向"'一带一路'国际智库合作委员会成立大会"致贺词，指出智库是共建"一带一路"的重要力量，开展智库交流合作，有助于深化互信、凝聚共识，推动共建"一带一路"向更高水平迈进。10月21日，习近平主席向"第九届香山论坛"致贺信，表达了新时代中国始终坚持走和平发展道路、坚定奉行防御性国防政策、积极服务构建人类命运共同体的坚定决心。

二是国家部委和智库加强合作，聚焦新旧动能转换和创新发展等核心议题。9月17日，财政部和国务院发展研究中心等联合主办"培育中国经济增长新动能"会议，发布《创新中国：培育中国经济增长新动能》；9月17日—18日，工业和信息化部和中国工程院牵头，会同国家发改委、科技部、商务部、中国科学院等共同主办"2019创新与新兴产业发展"国际会议；11月12日，国家信息中心和中国工程院等共同主办"2019战略性新兴产业培育与发展论坛"，并发布《2020中国战略性新兴产业发展报告》；12月6日，国家发改委和中国（深圳）综合开发研究院联合主办"2019协同创新高端论坛"。

三是国家高端智库与地方政府深度合作，探讨解决地方重大经济现实问题。4月4日,中国(深圳)综合开发研究院与香港特别行政区政府政策创新与统筹办事处共同主办"第11届深港合作论坛",重点探讨深港两地在人工智能与生物科技领域的合作新模式。6月21日,商务部国际贸易经济合作研究院和湖北省商务厅主办"中国自由贸易试验区发展论坛",围绕自贸试验区建设与营商环境建设等议题进行探讨。9月17日,中国社会科学院、国务院参事室和广西壮族自治区人民政府主办"第12届中国—东盟智库战略对话论坛",探讨中国与东盟跨境旅游合作与人文交流等议题。11月17日—19日,国务院新闻办公室、新华通讯社和浙江省人民政府联合主办"中国治理的世界意义国际论坛"。

(二)智库在国际交流中进一步发挥公共外交的作用

一是积极开展与国际智库的对话与沟通,更好地应对中美贸易摩擦。4月26日,中国南海研究院、加拿大阿尔伯塔大学中国学院、美国卡特中心等协办"当前中美关系:研判风险和寻求合作"国际研讨会,旨在以智库交流来化解误判、以智库对话来代替指责、以智库合作来消除对抗,巩固和增进中美关系稳定向前发展的利益和民意基础。7月9日,中国国际经济交流中心和中美交流基金会联合举办"中美经贸关系:现状与展望"研讨会,旨在继续推动中美经贸磋商,共同推进以协调、合作、稳定为基调的中美关系。10月31日,中国国际经济交流中心、美国布鲁金斯学会等共同举办"中美关系:为亚洲与世界发展打造共同愿景"国际研讨会,就中美关系走向对亚洲及世界经济可能产生的影响、如何妥善管控中美贸易摩擦等进行深入研讨。此外,9月7日,国务院发展研究中心指导,国家发展基金会主办"2019年中国发展高层论坛专题"研讨会,积极邀请美国智库专家如卡内基国际和平研究院资深研究员迈克尔·史文等,就当前中美关系定位、中美经贸关系前景等关键性议题进行深入研讨。

二是聚焦"一带一路"建设的重点难点问题,推动项目对接与落地。4月22日,世界金融论坛、金砖智库和重建布雷顿森林体系委员会联合主办"'一带一路'北京合作论坛",就人工智能、区块链等数字技术在改进"一带一路"跨国产融合作方面发挥的作用进行了深入探讨。5月21日—22日,云南省社会科学院、中国(昆明)南亚东南亚研究院和缅甸战略与国际问题研究所等共同主办"第三届中缅智库高端论坛",主要围绕"一带一路"与中缅经济走廊建设问题进行深入研讨。5月20日—24日,商务部国际贸易经济合作研究院、里斯本大学和葡萄牙外交部外交学院等联合举办"共同的目标和理想:中葡合作40年回顾与展望高端论坛",旨在"一带一路"背景下深化两国在能源、金融、旅游、基础设施建设等领域的合作。11月29日—30日,中国南海研究院与印尼战略与国际问题研究中心等联合举办"南海海洋环境保护区域合作"研讨会。

三是与联合国机构等国际知名智库,就生态环境、科技创新、人口老龄化等可持续发展性问题进行深度研讨,着力提升国际话语权。1月23日—24日,上海社会科学院与联合国亚洲及太平洋经济社会委员会等共同主办"亚太地区实施联合国2030可持续发展议程学习大会"。5月6日—7日,在联合国教科文组织等指导下,上海市科学学研究所主办"浦江创新论坛——2019科技创新智库国际研讨会",并发布《全球城市科技创新策源点观察》。5月16日,中国工程院、法国国家技术院与法国科学院等共同主办"核能与环境国际高端论坛",并联合发布《核能与环境研究报告》。9月24日—25日,中国南海研究院与加拿大阿尔伯塔大学中国学院等联合举办主题为"亚太和北极地区的海洋治理"的"第7届亚太和北极海洋安全论坛"。10月24日—25日,国务院发展研究中心与联合国相关机构等联合举办"2019年可持续发展论坛"。

(三)智库在合作构建多元化平台中进一步提升社会影响力

一是借助于媒体加强传播力,智库型媒体活跃度较高。1月18日,光明日报社与中国信息通信研究院共同成立"互联网＋"智媒技术创新中心。2月26日,厦门大学与新华社经济参考报联合主办"中国宏观经济高层研讨会暨中国季度宏观经济模型(CQMM)2019年春季预测发布会"。4月2日,南京大学和光明日报社联合主办"《长三角地区高质量一体化发展水平研究报告(2018年)》发布会"。4月20日,光明日报社与上海社会科学院等联合主办"第五届长江经济带发展论坛"。6月15日,清华大学国情研究院和《中央社会主义学院学报》编辑部共同主办"第四次工业革命与国家治理现代化论坛"。10月31日,人民网与中国社会科学院新媒体研究中心等共同主办"第三届互联网大数据与社会治理南京智库峰会"。一些出版社也加入智库型媒体的队伍中来。4月17日,中国人民大学重阳金融研究院与外文出版社联合举办"共建'一带一路'全球合作共赢主题研讨会"。5月26日,国务院发展研究中心指导,中国发展出版社主办"'一带一路'国际合作发展论坛"。8月21日,中国社会科学院国家全球战略智库与社会科学文献出版社等联合主办"国家全球战略智库系列专题报告"新书发布会。

二是特色智库联盟相继成立,智库间的交流合作进一步加强。1月3日,郑州大学、河南大学、河南师范大学等50余所高校成立"河南省高校高端智库联盟"。1月5日,广西师范大学越南研究院联合全国其他高校的多家越南研究机构组建"越南研究智库联盟"。1月26日,新华传媒智库联合江苏省内十余家智库共同发起成立"江苏新智库联盟"。3月22日,华中科技大学国家治理研究院在"国家治理智库联盟高层论坛"上发出筹建"国家治理智库联盟"的倡议。4月24日,新华社研究院联合15家中外智库共同发起成立"'一带一路'国际智库合作委员会"。9月22日,"长三角高校智库联盟"成立大会在复旦大学举行。10月10日,"'一带一路'教育智库联盟"在陕西西安成立。10月26日,中国宏观经济研究院和国家开发银行研究院联合22家研究机构成立"长江经济带高质量绿色发展智库联盟"。10月26日,在上海全球智库论坛上,福卡智库、零点有数、华夏经济发展研究院、杭州城市学研究中心等长三角"三省一市"30多家社会智库、高校智库倡议发起成立"长三角智库联盟"。

三是高校智库活跃度增强,与社会智库、企业智库互动合作加大。2019年11月24日,华东师范大学中国现代城市研究中心发布"长江经济带城市协同发展能力指数(2019)",受到了国家发改委、环保部、建设部、长江经济带内省市政府管理部门等高度关注。1月23日,中国人民大学重阳金融研究院与中国人民大学中美人文交流中心主办"中美人文交流40年:历程、经验与挑战"研讨会。5月13日,腾讯研究院和北京大学国家发展研究院联合主办"产业互联网与中国经济高质量发展论坛"。5月18日,华东师范大学和零点有数集团联合主办"长三角高质量一体化发展"高端研讨会。

二、国家高端智库三年建设经验

2015年12月,国家高端智库建设试点工作正式启动,以建设一批"国家亟需、特色鲜明、制度创新、引领发展"的高端智库为目标。经过三年多的建设，首批25家试点单位（后由于机构重组，25家变更为24家）取得了明显进展、积累了重要经验。2019年6月，全国哲学社会科学工作办公室召开国家高端智库建设经验交流会，总结了24家国家高端智库在服务决策、舆论引导、对外交流等方面的做法及体制机制改革经验。

在特色定位和选题方向方面，中国社会科学院围绕党和国家中心工作把握智库研究主攻方向，着力提升智库研究战略性、前瞻性，具体表现在以下四个方面：一是马克思主义中国化理论成果，特别是习近平新时代中国特色社会主义思想研究；二是"四个全面""十四条基本方略"研究；三是重大现实问题研究；四是改革开放40周年、中华人民共和国成立70周年等重要节点、重大专题研究。中国工程院重点聚焦工程科技战略咨询与研究。中央党校（国家行政学院）坚持把服务党的理论创新作为基本指针。中央党史和文献研究院将智库对外交流与党的创新理论对外宣介有机结合。国防大学积极打造国际传播、特色咨询、人脉建设三项特色功能。

在管理模式和人才建设方面，中国人民大学国家发展与战略研究院坚持"决策需求"的核心导向，构架更加完善科学的成果评价机制和人才激励机制。上海社会科学院通过"同级别管理"机制推动院内人才的复合成长，通过"旋转门"机制实现院内外智库人才交流。中国国际经济交流中心在重大课题的选题、过程管理、质量管控上不断完善制度机制，以制度建设确保研究质量"生命线"。综合开发研究院（中国·深圳）改革完善理事会、首席专家、市场化人才引进等内部机制，不断创新智库治理。

在研究范式和技术手段方面，中国科学院探索科技、软科学、管理、情报等四类专家深度融合，以任务引领矩阵式、网络化研究模式；组建专业化核心、客座、网络化合作的"小核心、大网络"人才队伍；发展智库理论方法，创新性提出"收集数据—揭示信息—综合研判—形成方案"的DIIS(Data—Information—Intelligence—Solution)理论方法，建设专业化高端科技智库。新华社突出"点题服务＋主动作为""宏观研究＋一线调查""记者调研＋学者研判"特色。

在国际合作与话语传播方面，复旦大学中国研究院在对外交流、发出中国声音方面侧重范式转换、国际比较、文化叙事、现代视角，构建"智库＋互联网＋"的传播模式。国务院发展研究中心建设建立"一体多翼两重"(国际局"一体"归口管理；各研究部所和研究人员"多翼"积极参与；中国国际发展知识中心、中国发展研究基金会发挥"两重"平台优势)的国际交流合作工作机制，不断拓展国际朋友圈。

三、智库研究选题热点

从2019年中国智库大事记的云词分析来看，"新中国成立70周年""中美贸易摩擦""一带一路"方面的智库研究选题出现的频次最多，其次有"金融创新""粤港澳大湾区""长三角一体化""WTO改革""乡村振兴""数字经济""自贸试验区""新冠肺炎疫情防控"等议题。

（一）中华人民共和国成立70周年：回顾与展望

2019年适逢中华人民共和国成立70周年，全国各大智库举办各类学术活动。中国社会科学院围绕中华人民共和国70周年工业、文化、哲学、财政金融等主题连续主办9场智库系列活动。中共中央党校(国家行政学院)举办"新中国成立70周年理论研讨会""新中国70年马克思主义理论创新研讨会"等活动。中国国际经济交流中心举办"《新中国 70 年经济社会发展回顾与思考》成果发布会"。中国人民大学国家发展与战略研究院主办"新中国成立 70 年,国家治理体系变革逻辑"报告发布会。中国财政科学研究院举办"新中国财政发展 70 年论坛"。

上海社会科学院举办"新中国 70 年与中国特色哲学社会科学创新发展""新中国七十周年文化发展的逻辑"等研讨会。复旦大学中国研究院主办"百年变局:70 年共和国道路与世界格局重构"研讨会。上海国际问题研究院举办"中国外交 70 年"系列研讨会。山东社会科学院举办"70 年回顾与展望:面向新时代的海外当代中国研究"圆桌会议。

(二)区域协调发展:京津冀、粤港澳、长三角

1. 京津冀协同发展

北京市科学技术研究院召开"京津冀协同发展"研讨会,并发布了《数说北京科技创新》《京津冀创新共同体》《京津冀传统高耗能产业升级与新兴绿色产业培育研究》、"智能感知城市治理系统"等 6 项成果。首都经济贸易大学发布《京津冀发展报告(2019)》。中国社会科学院工业经济研究所和中国社会科学院京津冀协同发展智库(雄安发展研究智库)主办"京津冀协同发展"学术研讨会。

2. 粤港澳大湾区建设

中山大学粤港澳发展研究院与中山大学自贸区综合研究院联合举办"学习《粤港澳大湾区发展规划纲要》"座谈会。广东省社会科学院与粤港澳大湾区研究院等举办"粤港澳大湾区智库高端论坛",就如何解读及共同落实《粤港澳大湾区发展规划纲要》、如何为共建大湾区提供智力支持等议题进行了探讨。光明日报社和华南理工大学等联合举办"粤港澳大湾区发展广州智库论坛"。中山大学粤港澳发展研究院举办"粤港澳大湾区智库交流座谈会"。中山大学公共管理研究中心与中山

大学粤港澳发展研究院等共同主办"第二届粤港澳大湾区高等教育国际论坛"。南都智库发布《2019粤港澳大湾区营商环境调研报告》。

3. 长三角高质量一体化发展

上海华夏经济发展研究院与上海社会科学院智库研究中心等单位联合主办2019年"长三角高质量发展指数发布会",并发布《长三角高质量发展指数报告(2018)》。南京大学与光明日报联合主办《长三角地区高质量一体化发展水平研究报告(2018年)》发布会。中国社会科学院与中国科学院等共同主办"长三角一体化：理论与对策"论坛。长三角研究型大学智库峰会在合肥举行,聚焦"长三角一体化·新科技新金融"主题,并发布《长三角一体化、新科技新金融共识2019》。上海市党校系统智库联盟与上海发展研究院等联合主办"长三角沿江滨海城市协同创新发展论坛",并发布《2019(上海宝山)长三角沿江滨海城市党校智库协作体共识》。上海财经大学长三角与长江经济带发展研究院于2019年12月7日在"长三角国际论坛"的"世界级城市群建设与长三角一体化发展"分论坛上正式发布"长三角高质量与一体化系列指数",联合长三角区域合作办公室等相关机构编制"长三角产业地图、教育地图、文化地图"。

(三) 新国际合作：共建"一带一路"

2019年,"一带一路"建设已经进入第6个年头,一大批合作项目已经落地生根,为世界经济增长开辟了新空间,为国际贸易和投资搭建了新平台,为人类民生福祉做出了巨大贡献。各类智库围绕"产业合作""区域发展"等新议题,以举办研讨会和出版著作等形式为共建"一带一路"献计献策。

中国社会科学院俄罗斯东欧中亚研究所与中国社会科学院上海合

作组织研究中心联合主办"《中亚黄皮书：中亚国家发展报告（2019）》发布会"，并指出共建"一带一路"将促使中亚地区继续保持良好的发展态势。中国人民大学重阳金融研究院发布《深化金融强国意识，完善"一带一路"金融服务》研究报告，提出打造"一带一路"投融资平台等对策建议。国务院发展研究中心与中国进出口银行在北京联合发布《中国推进"一带一路"绿色金融发展的理念与实践》报告，就中国推进"一带一路"绿色金融发展提出政策建议。商务部国际贸易经济合作研究院编纂的中英双语《中国"一带一路"贸易投资发展报告2013—2018》《中欧班列贸易通道发展报告2019》《中国"一带一路"境外经贸合作区助力可持续发展报告》在"第二届'一带一路'国际合作高峰论坛"上发布。中共中央对外联络部与清华大学联合主办"第二十八届万寿论坛"，就"一带一路：新型全球化与全球治理"主题进行研讨。中国国际经济交流中心发布"一带一路"系列丛书，包括《"一带一路"：倡议与构想》（上）、《"一带一路"：愿景与行动》（中）和《"一带一路"：合作与互鉴》（下）。复旦大学"一带一路"及全球治理研究院召开"第三届'一带一路'与全球治理国际论坛"。

（四）新经济：数字经济与人工智能

在数字经济方面，阿里研究院主办"第四届新经济智库大会"，聚焦数字经济所带来的科技变革和经济动力展开交流，并发布了《解构与重组：开启智能经济》研究报告。中国信息通信研究院主办"2019中国数字经济发展论坛"，主要围绕壮大数字经济、推动高质量发展展开研讨。中国现代国际关系研究院与荷兰海牙战略研究中心在北京联合召开"第八届中欧网络对话会议"，主要针对数字经济与互联网治理、国际规则进程、网络空间新威胁及建立信任措施等议题开展讨论。上海社会科学院发布《全球数字贸易促进指数报告(2019)》。

在人工智能方面,国防大学国际防务学院承办"第二届国防大学国际防务论坛",探讨分析当前国际安全环境的深刻变化、新型战争形态的特点与规律、以人工智能为代表的高新技术发展对战争的影响等议题。中国国际问题研究院与人道主义对话中心等共同举办"促进人工智能国际合作研讨会",就人工智能与国际合作的问题进行了深入探讨。中国工程院主办"'新一代人工智能引领下的建模仿真技术'国际工程科技发展战略高端论坛"。中国政法大学和中央党校(国家行政学院)等联合主办"互联网、大数据、人工智能融入和推动科学立法、民主立法、依法立法"论坛。

(五)新农村：精准扶贫与乡村振兴

中国社会科学院召开"扶贫工作领导小组会议",并发布了"精准扶贫精准脱贫百村调研"丛书和《企业扶贫蓝皮书(2019)》等。中国工程院开设"院士专家科技扶贫技能班",并与云南省政府召开"科技扶贫工作推进会",介绍推广澜沧扶贫经验。中国农业大学主办"第三届乡村振兴学术论坛",主要围绕"乡村振兴与农村发展""乡村振兴的创新机制与多元路径""乡村振兴战略研究""农村基层党建研究"等话题进行研讨交流。中国人民大学国家发展与战略研究院主办"精准扶贫政策效果评估"报告会。

中国新闻出版研究院举办以"乡村振兴战略实施和新时代文明建设"为主题的"2019年中国乡村振兴发展高级别座谈会"。两岸文化创意产业高校研究联盟、中国传媒大学与杭州师范大学等联合主办"乡村振兴与创意营造"研讨会。阿里巴巴集团举办"第七届中国淘宝村高峰论坛",并发布《中国淘宝村研究报告(2009—2019)》。

（六）新金融：对外开放与加强治理

在金融开放与治理方面，中国人民大学重阳金融研究院主办"中国金融开放与全球经济形势"研讨会，就金融业对外开放政策措施和美国近期对中国所谓"汇率操纵国"的指责进行研讨。瞭望智库与财经国家周刊社主办"第四届中国新金融高峰论坛 2019"，就新形势下的金融业变革与开放进行深入讨论。首都经济贸易大学与管理世界杂志社共同主办"2019 金融开放与发展学术研讨会"，主要围绕家庭金融、金融开放等议题展开探讨。中国（深圳）综合开发研究院与英国 Z/Yen 集团分别于 2019 年 3 月、9 月和 2020 年 3 月联合编制发布第 25、26、27 期《全球金融中心指数报告》，从营商环境、人力资源、基础设施、发展水平、国际声誉等方面对全球金融中心进行评价排名。

在发展绿色金融方面，清华大学国家金融研究院与瑞典延雪平大学国际商学院共同举办"2019 年绿色金融国际学术研讨会"，就绿色科技企业的融资约束、ESG 表现的决定因素等进行深入研讨。中国人民大学重阳金融研究院与中央财经大学绿色金融国际研究院等共同举办"2019 年中国绿色金融论坛"。

在发展普惠金融与金融科技创新方面，中国社会科学院金融研究所与国家金融与发展实验室共同主办"普惠金融国际高峰论坛"，并发布《发展中的普惠金融：理论、创新与实践》报告。光明日报社光明智库主办"明辨是非，理性自信应对美国极限施压"主题研讨会，围绕"谁才是全球金融稳定破坏者""中国经济运行、金融发展的态势与底气"等议题展开讨论。中国社会科学院财经战略研究院主办"财政金融协同创新"研讨会。新华网主办"第三届新华网金融论坛"，就 2019 年金融科技战略与发展、中国银行业金融科技发展与挑战等行业热点话题展开研讨。财经智库协办"2019年中国金融论坛",主要探讨金融科技大时代的融合、驱动、重构和产业转型等。2019年上海财经大学上海国际金融中心研究院联合爱丁堡大学商学院、上海市金融工作局、中国金融信息中心先后主办"气候投融资促进低碳发展"和"金融科技的发展:理论、应用与风险管理"国际论坛。

(七)新治理:公共卫生安全、环境、能源和城市

在公共卫生安全方面,随着2019年我国出现新型冠状病毒引发的肺炎疫情,以及世界多个国家出现新冠肺炎传播态势,公共卫生安全体系一时间成为智库紧急研究的热点问题。国家疾病预防控制中心与日本国立感染症研究所召开了"新冠肺炎疫情防控技术电话会议",就病毒传播途径、不同地区与人群防控措施、抗病毒药物筛选等内容进行交流。人民网召开"企业对策线上研讨会",就复工复产等问题进行讨论。综合开发研究院(中国·深圳)撰写了数十篇分析评论专栏文章,形成"综研疫情观察系列",通过微信公众号、澎湃新闻、今日头条、百家号等多个平台转载报道,内容涉及宏观经济、应急管理、政策、产业发展、供应链、战略物资等诸多方面。全球化智库出版新冠肺炎疫情专刊,持续追踪疫情在公共卫生、企业经营、行业发展、国际舆论等方面对我国造成的影响。上海社会科学院充分利用微信公众号等开设"'战疫'中的智库声音"专题,及时回应社会关切和舆论关注,等等。

在环境治理方面,生态环境部国家应对气候变化战略研究和国际合作中心举办"推进低碳发展协同推动经济高质量发展和生态环境高水平保护"专家研讨会,围绕绿色低碳发展、生态环境高水平保护的科学内涵等问题进行了深入的交流与研讨。中国人民大学国家发展与战略研究院发布《推进生态文明体系建设和绿色发展》研究报告,建议构

建以政府为主导、企业为主体、社会组织和公众共同参与的环境治理体系。环境与发展智库联盟、西部资源环境与区域发展智库、中国科学院西北生态环境资源研究院等单位联合主办"五届环境与发展智库论坛",论坛紧扣生态环境保护与人类福祉、自然资源与产业协调发展等主题展开,并发布了《全国城市便宜度评价报告》《全国植被覆盖评价报告》《能源装备制造产业发展态势报告 2019》《中国海洋发展报告 2019》等智库成果。

在能源战略方面,中国工程院与国家能源局主办"油气安全战略与海洋油气创新发展"论坛,主要探讨了我国油气资源开发与能源安全、环境保护和谐发展路径。北京大学国家发展研究院主办"第三届气候变化经济学对话",会议围绕中国经济结构转型及能源革命、气候变化与环境保护战略等展开讨论。中国石油经济技术研究院发布《2050 年世界与中国能源展望》报告。上海电力规划设计总院发布《中国能源发展报告 2018》,针对我国能源发展中亟待解决的问题提出行动建议,发布《中国电力发展报告 2018》,分析预测未来 3 年我国电力需求水平,并提出各类电源、各级电网发展展望。国网能源研究院举办"能源转型发展论坛暨国网能源研究院 2019 年成果发布会",发布《中国能源电力发展展望 2019》等智库成果。

在城市发展方面,中国人民大学国家发展与战略研究院发布《中国劳动力市场指数编制》报告,主要编制提出中国地级市层面的劳动力市场化指数等。中国社会科学院与泛美开发银行联合主办"新兴技术在市民数字服务、可持续城市和未来物流中的应用"高端研讨会。中国工程院和清华大学共同主办"未来城镇与基础设施"高端论坛,主要围绕绿色城镇与基础设施、智慧城市与智能建造等重要议题展开研讨。

第三章　国家治理现代化与智库建设现代化

（八）WTO改革与多边贸易体制

2019年WTO上诉机构因法官不足而停摆，上诉机构作为WTO贸易争端解决机制的重要环节，其停摆导致WTO面临瘫痪风险，国内智库围绕WTO改革及中国应对等召开各种类型会议。

全球化智库（CCG）举办"WTO改革和多边贸易体制的未来"圆桌研讨会，围绕WTO短期内亟须解决的主要问题深入研讨。中国WTO研究院举办"WTO改革的各方观点与中国方案"国际圆桌研讨会，就当今世界单边主义和贸易保护主义给WTO带来的挑战进行了探讨。对外经济贸易大学法学院与中国法学会等联合主办"WTO改革的美国方案与中国立场"研讨会，就WTO改革中的美国方案与中国立场等问题展开讨论。上海对外经贸大学、国际经贸研究所与上海国际贸易中心战略研究院等共同举办"中美经贸摩擦与WTO改革"研讨会，从法律、经济、国际关系等多角度对当前中美贸易摩擦与WTO改革等议题展开深入交流。对外经济贸易大学WTO研究院与全球化智库等联合举办"第18届WTO与中国学术年会"，会议围绕WTO多边贸易体制的变化以及中国加入WTO后的经贸发展开展讨论。

（九）新型全球化与地区冲突

在新型全球化方面，清华大学国家金融研究院与清华大学金融科技研究院联合举办"2019国际贸易关系与全球化重构"学术研讨会，共同探讨国际贸易关系与全球化重构问题。瞭望智库主办"中国企业全球化发展的挑战与机遇"研讨会，聚焦如何有效把握市场机遇和改革红利推动中国企业品牌"走出去"等问题。中国国际问题研究所与中国国际问题研究基金会联合主办"2019年国际形势与中国外交"研讨会。

在地区冲突方面，清华大学战略与安全研究中心与清华—卡内基全球政策中心等联合举办"国际秩序与亚太安全"国际学术研讨会，主要围绕国际秩序的变革动力与规则演变、亚太地区和平稳定的基础及中美竞合关系的理论和历史进行了深入的讨论。中国社会科学院主办"中东形势暨新时代的中国中东外交"学术研讨会，主要研讨了中东局势和中国与中东外交关系等方面议题。

（十）党的建设

中央和国家机关工委机关党建研究杂志社与旗帜杂志社等联合主办"2019年全国机关党建工作研讨会"，主要围绕学习贯彻习近平总书记在中央和国家机关党的建设工作会议上的重要讲话精神、全面提高新时代机关党的建设质量展开研讨。求是网联合徐工集团党委等举办首届"全面加强党的建设，推进国家治理体系和治理能力现代化"专题研讨会，等等。

第四章　中国智库迈向高质量发展新阶段

2020年对于世界和中国来说都是极不平凡的一年。从全球来看，新冠病毒肆虐，全球政治局势极不稳定，经济遭遇重挫，世界处于百年未有之大变局，世界多极化、经济全球化处于深刻变化之中。

从中国来看，"十三五"已经收官，"十四五"正在开局，脱贫攻坚取得全面胜利，第一个"百年奋斗目标"顺利实现，全面建设社会主义现代化国家的新征程已经开启。进入新发展阶段、贯彻新发展理念、构建新发展格局，成为当下我国经济社会发展的理论逻辑、历史逻辑和现实逻辑。

面对突如其来的新冠肺炎疫情，中国智库迅速围绕疫情防控和经济社会发展稳定开展咨政建言、舆论引导、对外交流等重要工作，形成了数量远多于常年的研究成果，在推动国内经济社会稳定、向世界讲述中国故事等方面起到了不可或缺的重要作用。这表明，中国特色新型智库在重大挑战面前展现出了决策咨询的担当和作为。

2021年3月,《国民经济和社会发展第十四个五年规划和2035年远景目标纲要》指出"我国已转向高质量发展阶段",再次强调"加强中国特色新型智库建设"的要求。习近平总书记指出:"高质量发展不只是一个经济要求,而是对经济社会发展方方面面的总要求;不是只对经济发达地区的要求,而是所有地区发展都必须贯彻的要求;不是一时一事的要求,而是必须长期坚持的要求。"所以,中国特色新型智库的高质量发展是整个中国高质量发展阶段的题中应有之义。

面对当前世界大变局带来的新挑战和中国发展带来的新要求,中国特色新型智库的任务更加繁重。如何进一步提升研究的质量和水平,如何促进"十四五"规划和2035年远景目标的实现,需要中国智库提供高质量的产品和高水平人才,提升智库的有效性。这就要求中国智库坚持走高质量发展道路,在智库建设中迈上新台阶。

本章是《中国智库报告(2020年)》的主要内容。

第一节　党的十八大以来中国智库发展

党的十八大以来,在中央部署下,全国上下形成了中国特色新型智库的建设热潮,智库建设走上"快车道",数量大大增加,质量逐步提升,一些体制机制问题得到有效解决或很大改善,智库的咨政建言、理论创新、舆论引导、社会服务、公共外交等方面的重要功能得以更好发挥。党的十八大以来中央大力推动中国特色新型智库体系建设的战略举措取得了重要阶段性成果,中国智库正在逐步走出一条符合中国国情、具有中国特色的发展道路。

第四章　中国智库迈向高质量发展新阶段

一、中国智库走过完善体系的1.0阶段

党的十八大提出了"坚持科学决策、民主决策、依法决策,健全决策机制和程序,发挥思想库作用"的新要求,进一步明确了将发展思想库纳入决策咨询制度化建设的范畴。2013年11月,党的十八届三中全会通过的《中共中央关于全面深化改革若干重大问题的决定》明确提出,"加强中国特色新型智库建设,建立健全决策咨询制度"。

习近平总书记多次在重要会议、批示、外交场合中对智库建设进行论述和提出指示。2012年12月,习近平总书记在中央经济工作会议上强调,高质量智库在国家决策制定过程中能够发挥重要作用。2013年4月,习近平总书记在重要批示中明确了建设中国特色新型智库的任务。

2015年1月,中办、国办印发了《关于加强中国特色新型智库建设的意见》,首次全面系统地提出了中国特色新型智库体系的建设方案。同年11月,中央宣传部又印发了《国家高端智库建设试点工作方案》,配套以《国家高端智库管理办法(试行)》《国家高端智库专项经费管理办法(试行)》,高端智库建设试点工作制度框架初步形成。

> **专栏**
>
> 2015年11月9日,中央全面深化改革领导小组第十八次会议审议通过了《国家高端智库建设试点工作方案》。
>
> 会议强调,开展国家高端智库建设试点工作,要紧紧围绕"四个全面"战略布局,以服务党和政府决策为宗旨,以政策研究咨询为主攻方向,以完善组织形式和管理方式为重点,以改革创新为动力,优

> 先选择若干基础条件较好、专业特色突出的机构进行试点,建设一批国家亟须、特色鲜明、制度创新、引领发展的高端智库。
>
> 会议指出,要加强试点工作的组织领导和统筹协调,规范决策研究、成果转化、考核评估、经费投入等工作,选好配强首席专家,建好专业研究团队,重点围绕国家重大战略需求,开展前瞻性、针对性、储备性政策研究,及时总结和推广试点经验。
>
> ——摘自新华社电《习近平主持召开中央全面深化改革领导小组第十八次会议》(2015年11月9日)

与此同时,为不断落实中央要求,国家部委和地方省(区、市)也掀起了智库建设的热潮。从2015年中办、国办印发加强中国特色新型智库发展的意见至2020年底,已经有21个省(区、市)陆续出台了省级的重点智库建设意见,共确定了366家省级重点智库及培育智库。其他各级各类政府文件中也大量出现了支持智库建设发展的表述。2014年2月,教育部出台了《中国特色新型高校智库建设推进计划》。2017年5月,民政部等九部门联合出台了《关于社会智库健康发展的若干意见》。2018年3月,新闻出版广电总局出台了《关于加快新闻出版行业智库建设的指导意见》。

这个阶段,智库建设顶层规划成效显现,随着中央建设智库的部署和各部委、省(区、市)的落实,中国特色新型智库体系逐渐完善,格局日益清晰。在全国范围内形成了智库行业分层、分类、分专业的行业格局。智库行业共同体意识不断增强,影响力不断扩大,社会知晓度和认同度不断提高。

从分层格局看,中国特色新型智库体系可分为国家级智库、省部级智库和其他地方智库。其中,国家级智库包括国家高端智库试点单位及培育单位,居于行业的领头雁地位;省部级智库包括各省(区、市)发布的省级重点智库,以及部委直属的智库。从分类格局看,中国特色新型智库体系可分为党政军智库、高校智库、科研院所智库、社会智库、企业智库等。其中,党政军智库包括中央和各级党委、政府直属的智库、党校行政学院、军队智库机构等;高校智库指高校中研究战略和政策的科研机构;科研院所智库包括社科院、各类社科研究机构;社会智库包括民非研究机构、基金会等;企业智库包括国企和民企下属的智库。

同时,不同层次、不同类型的智库又分别在经济、政治、法律、文化、社会、生态、科技、教育、媒体、金融、能源环境、国防、国安、外交、党建等专业领域,或跨学科、多专业交叉融合的领域开展特色研究。

此外,智库发展的体制机制创新也愈加丰富,在机构设置、选人用人、项目管理、经费使用等方面产生了很多不同于以往传统社会科学研究机构的新政策,不断激发智库的活力。

总体而言,党的十八大之后,中国特色新型智库建设进入了"快车道",大量智库"建起来"了,数量越来越"多起来"了,中国特色新型智库体系的"四梁八柱"逐渐完善,"特色"和"新型"要求逐渐落实。其中,国家高端智库"领雁效应"显现;各地各系统纷纷研究制订地方智库和系统内部的智库发展规划,拉开了体制内智库体制机制改革的序幕;高校智库建设如火如荼,数量增长相对更快;社会智库和企业智库蓬勃兴起,与体制内智库相互补充,也对体制内智库的发展起到了促进作用;智库共同体共生共荣,智库生态圈已然形成。中国智库的总体发展态势呈现出百花齐放、百舸争流、协同发展的繁荣景象。我们将这个发展阶段称为中国智库的1.0阶段,具体而言有以下若干特征:

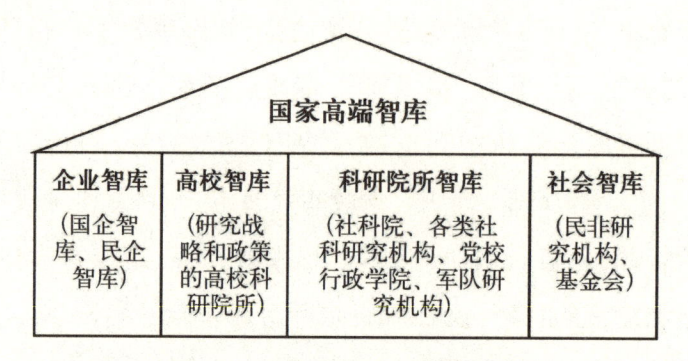

图 4-1 中国特色新型智库阵列

（一）国家高端智库稳步推进，领雁效应显现

2015年12月，25家机构入选首批国家高端智库建设试点单位。[①] 从类型上看，包括四种类型：第一类是党中央、国务院、中央军委直属的综合性研究机构，共10家，分别是国务院发展研究中心、中国社会科学院、中国科学院、中国工程院、中央党校、国家行政学院、新华社、军事科学院、国防大学和中央编译局；第二类是依托大学和科研机构形成的专业性智库，共12家，分别是中国社会科学院国家金融与发展实验室、中国社会科学院国家全球战略智库、中国现代关系研究院、国家发改委宏观经济研究院、商务部国际贸易经济合作研究院、北京大学国家发展研究院、清华大学国情研究院、中国人民大学国家发展与战略研究院、复旦大学中国研究院、武汉大学国际法研究所、中山大学粤港澳发展研究院、上海社会科学院；第三类是依托大型国有企业的智库，有1家，是中国石油经济技术研究院；第四类是基础较好的社会智库，共2家，分别是中国国际经济交流中心、综合开发研究院（中国·深圳）。从重点

[①] 2018年3月，中央党校和国家行政学院整合组建新的中央党校（国家行政学院），因此首批国家高端智库建设试点单位总数变为24家。

研究领域看,涵盖国家发展战略、国家治理、国家安全、公共政策、宏观经济、金融问题、科技发展、能源战略、国际问题、国际贸易、港澳问题、新闻传播、国防和军队建设、党的建设等。

2020年3月,中央公布了第二批国家高端智库试点单位,共5家,分别是浙江大学区域协调发展研究中心、北京师范大学中国教育与社会发展研究院、中国财政科学研究院、中国科学技术发展战略研究院、中国国际问题研究院,全部都是依托大学和科研机构形成的专业性智库。至此,国家高端智库共计29家,此外还有8家培育单位。国家高端智库建设试点开展以来,工作扎实推进,体制机制逐渐完善,试点单位和培育单位使命感、责任感强烈,各类成果的数量和质量有了较大幅度提升,形成了"国家高端智库"品牌,在中国特色新型智库体系中起到了"领头雁"作用。

(二)高校智库不断壮大,数量规模居各类智库之首

高校凭借人才丰富、知识密集,学术积淀深厚的优势,精选一批与战略和政策研究联系紧密、实践性强的研究院(中心、所),成立了高校智库。短短几年,高校智库大量涌现,从人数和规模上都是最大的一类智库。29家国家高端智库试点单位中,高校智库有8家,占比27.6%。上海社会科学院智库研究中心的智库数据库统计显示,在所收录的全国981家智库中,高校智库共419家,占比42.7%,是名副其实的主力军。

需要指出的是,一些高校基于其学科建设优势,成立了大量具有特色的、专业性的、小而精的智库,精准发挥智库功能。还有的高校将校内各智库统筹起来形成智库阵列,增强研究合力,提高管理效率。

（三）科研院所智库加快转型，体制机制创新明显

大量部属、省属、市属的科研机构和社科院提出智库转型的目标并付诸实践。党校行政学院、军队科研院所发挥理论研究、党建、国防等特色，为决策服务意识强。这类机构以前大多都是传统的体制内科研机构，在管理体制机制上往往遵循机关、事业单位的模式。随着其向智库转型，在体制机制上进行创新是它们最鲜明的特征。

以国家高端智库中的科研院所为例，国家层面出台了《国家高端智库管理办法（试行）》和《国家高端智库专项经费管理办法（试行）》，在多方面实现突破和创新。《国家高端智库管理办法（试行）》对创新组织形式和管理方式做出制度化安排，提出建立内部治理机制、供需联系机制、信息共享机制、经费投入机制、国际合作与交流机制等五大机制。《国家高端智库专项经费管理办法（试行）》明确提出可开支人员聘用经费和奖励经费，各类经费开支均不设比例上限，按"负面清单"思路提出专项经费开支范围等。

地方科研院所积极效仿国家高端智库的做法，纷纷在内部治理、经费投入、人才引进、国际合作等方面进行改革。

（四）企业智库和社会智库十分活跃，发挥了独特的积极作用

企业智库大多是由大型国有企业、民营企业下属研究院转型而来，体现了企业的社会责任感。2015年1月，中办、国办印发的《关于加强中国特色新型智库建设的意见》明确提出，"支持国有及国有控股企业兴办产学研用紧密结合的新型智库，重点面向行业产业，围绕国有企业改革、产业结构调整、产业发展规划、产业技术方向、产业政策制定、重大工程项目等开展决策咨询研究"。

社会智库是中国特色新型智库的组成部分。2017年5月,民政部等九部门联合出台的《关于社会智库健康发展的若干意见》指出,"规范和引导社会智库健康发展,优化政策环境,对加强中国特色新型智库建设具有重要意义"。社会智库的模式相对复杂,有的由体制内人员离职兴办,有的由咨询公司转型而来,还有的由社会名人相约而起。他们有各自的发展理念,专业领域不同,资金渠道多源。不少企业智库和社会智库十分活跃,特别是在互联网舆论场上影响不小。一些社会智库在公共外交方面也发挥了独特作用。一些体制内机构邀请体制外智库做课题、作演讲,希望听到更加"鲜明"的意见建议。

(五)智库联盟合纵连横、虚实结合,智库共同体开始出现

智库共同体指的是各种主题、区域、类型的智库组成联盟,互相合作,互相支持,形成合力。有的联盟聚焦于某一个研究主题,如"一带一路"研究;有的是某一个区域,如"长三角"区域;有的是某种类型智库的集合,如央企智库。

近年来,大量智库联盟组建起来,由各类智库举办和参与的会议、论坛和平台越来越多。这些智库联盟有的比较实,有秘书处、有固定的活动内容;有的比较虚,合作相对松散。智库共同体的出现,丰富了智库活动的内容,加强了智库间的交流合作,促进了智库行业意识的形成。

(六)智库与相关机构的结合越来越紧密,智库生态圈逐步形成

智库已不仅仅局限于内部的战略研究和决策咨询,还与政府、媒体等相关机构紧密合作,形成了"智库生态"。比如,智库与媒体紧密结合,搭乘网络和自媒体的"快车",进行社会服务和公共舆论引导。再比如,智库探索跨学科、跨领域、跨机构的合作方式,集中力量办大事。中

国特色新型智库不同于西方的一大优势是集中力量办大事的体制优势,特别是2020年面对重大疫情,由中央牵头,跨学科、跨领域、跨机构组织专家集中力量攻关重大问题,政府部门、智库、媒体等机构积极主动作为,形成了目标一致、上下齐发"大会战"的壮观场面,表现出与西方智库不同的运作模式。

二、新形势对中国智库发展提出新要求

新冠肺炎疫情是进入21世纪以来继2001年"9·11"事件、2008年全球金融危机之后的第三次改变世界进程的重大事件,截至2021年6月底,全球感染人数累计超过1.8亿,世界经济遭受重创,经历了历史罕见的大衰退,世界政治格局也发生了重大变化。在党中央坚强领导和全国人民共同努力下,中国率先走出疫情,大国力量对比发生重要变化。与此同时,全球治理进入瓶颈期,联合国、WTO、G7、G20等治理模式均受到冲击;世界范围内社会思潮分化加剧,民族主义、民粹主义、极端主义、保守主义、反全球化思潮等交织碰撞;一些地区战争冲突风险高悬;中美关系仍不稳定。当前的世界大变局还将持续,何时步入相对稳定状态难以预测。

2020年10月,党的十九届五中全会通过了《中共中央关于制定国民经济和社会发展第十四个五年规划和二〇三五年远景目标的建议》,全会深入分析了我国发展环境面临的深刻复杂变化,认为我国已转向高质量发展阶段,指出"十四五"时期经济社会发展要以推动高质量发展为主题。习近平总书记在全会上强调,"以推动高质量发展为主题是根据我国发展阶段、发展环境、发展条件变化作出的科学判断。新时代新阶段的发展必须贯彻新发展理念,必须是高质量发展。当前,我国社

会主要矛盾已经转化为人民日益增长的美好生活需要和不平衡不充分的发展之间的矛盾,发展中的矛盾和问题集中体现在发展质量上。这就要求我们必须把发展质量问题摆在更为突出的位置,着力提升发展质量和效益"。

2021年3月,全国"两会"通过了《中华人民共和国国民经济和社会发展第十四个五年规划和2035年远景目标纲要》,将推动"高质量发展"作为"十四五"时期经济社会发展的主题。

2021年,我国已经全面建成小康社会,实现了第一个百年奋斗目标,开启了全面建设社会主义现代化强国,实现第二个百年奋斗目标新征程,这标志着中国发展已经进入了一个新阶段。这个新阶段是党带领人民迎来从"站起来""富起来"到"强起来"的历史跨越的新阶段。未来30年将是我们完成建设社会主义现代化强国的新阶段。这个新阶段却绝非一路坦途,虽然我国发展仍然处于重要战略机遇期,但国内改革任务、国际环境变化等重大挑战和困难正在考验国家的生存力、竞争力、发展力、持续力,特别是全球疫情可能还将持续一段时间,这将带来经济社会发展方式、人们生活方式的重要变化。

在新的形势下,不仅中央以及各级党委政府对智库提出新的更高要求,民众在新媒体时代关心社会问题的意识也大大增强,更加期待智库专家对社会问题表达专业的、可信度高的观点。而中国智库虽然逐步"建起来""多起来",但距离"强起来"还有不小差距。未来各种可以预见和难以预见的新挑战将持续考验中国智库。

三、中国智库进入高质量发展的2.0阶段

2020年2月,中央全面深化改革委员会第十二次会议审议通过了

《关于深入推进国家高端智库建设试点工作的意见》,强调"建设中国特色新型智库是党中央立足党和国家事业全局做出的重要部署,要精益求精、注重科学、讲求质量,切实提高服务决策的能力水平"。这说明,中央进一步提高了对国家高端智库的要求,要求智库坚持高标准定位、高质量发展。这不仅是对国家高端智库的要求,也是对整个中国特色新型智库体系建设的总体要求。中国智库还要积极融入新阶段,努力适应新要求,坚持走"高质量、高水平"的发展道路。

走"高质量发展"道路是由国家发展的新阶段和对智库提出的新要求来决定的,如果没有做好,就完不成中国智库的使命和任务,就体现不了中国智库的时代价值。

"十四五"时期乃至今后很长一段时期将是中国智库从机构、人员、成果的数量发展到追求质量效益的高质量、高水平发展阶段,我们称之为中国智库的2.0阶段。

中国智库的高质量发展不仅是对国家高端智库的要求,也是对各种层次、各种类别智库的全面要求。智库可以"大而美",也可以"小而精"。中国特色新型智库要有"特色"、实现"新型",不同智库的特色、模式不同,要在实现特色和新模式中实现高质量发展。

中国智库的高质量发展不仅是对我国发达地区的要求,也是对欠发达地区的要求。从全国范围来看,中国智库发展不平衡。诚然,发达地区智力、资金、信息资源丰富,在智库发展方面有其优势。但欠发达地区面临的问题和挑战可能更艰巨,更加需要智库研究,以促进当地更好地发展。中国智库既需要以欠发达地区的经济社会发展问题为研究对象,同时欠发达地区也要加强自身智库建设,沉下心、扎下根进行研究。

中国智库的高质量发展不是对一时一事的要求,而是必须长期坚持的要求。中国智库事业前景远大,但距离国际高水平还有差距,可谓任重道远。高质量发展是中国智库的长期要求,必须长抓不懈。

"长风破浪会有时,直挂云帆济沧海!"中国特色新型智库在国家发展新阶段必然引时代之先,以自身的高质量发展影响中国和世界。

第二节　2020年中国智库发展图景

2015年,中办、国办印发《关于加强中国特色新型智库建设的意见》,指出中国特色新型智库应当具备八项标准:(1)遵守国家法律法规、相对稳定、运作规范的实体性研究机构;(2)特色鲜明、长期关注决策咨询研究领域及其研究成果;(3)具有一定影响的专业代表性人物和专职研究人员;(4)有保障、可持续的资金来源;(5)多层次的学术交流平台和成果转化渠道;(6)功能完备的信息采集分析系统;(7)健全的治理结构及组织章程;(8)开展国际合作交流的良好条件。

上海社会科学院智库研究中心对照八项标准收录符合标准的智库,形成数据库,并通过线上线下的调研查证,确保信息的准确性。截至2020年底,智库数据库共收录了全国31个省(区、市)981家智库(不包括港、澳、台地区),每家智库有22项描述性字段信息多维度观察中国智库的发展。为更好地梳理中国智库发展图景,发现中国智库年度发展趋势规律,特对数据库中的智库作如下统计分析。

一、智库类型

数据库收录的智库中,国家党政/科研院所、地方党政/科研院所、高校智库占比共计84.5%,是中国智库发展中的主力军,其中国家党政/科研院所智库占比10.1%,虽然数量不及地方党政/科研院所及高校智库,但从影响力上讲,是中国特色新型智库的领头雁。高校智库发展迅猛,成为中国特色新型智库的重要力量。在全部智库中高校智库占比42.7%,在省级重点智库及培育智库中高校智库占比57.1%。

表4-1 智库类型统计

智库类型	数量(家)	占比(%)	其中省级重点智库、培育智库数量(家)
国家党政/科研院所智库	99	10.1	2
地方党政/科研院所智库	311	31.7	121
高校智库	419	42.7	209
社会智库	76	7.7	18
企业智库	48	4.9	12
军队智库	10	1.0	1
媒体智库	18	1.8	3
合计	981	100	366

二、智库层级分布

自2015年中央发布《关于加强中国特色新型智库建设的意见》后,从中央到地方都越来越重视智库的发展,国家公布了国家高端智库及培育智库,大多数省(区、市)也公布了重点智库及培育智库,从统计数据中可以看出,各类国家、地方重点、培育智库占比37%,体现了智库发展的层次和梯队。

表4-2 智库层级分布

智库层级	数量(家)	占比(%)
国家高端智库	29	3
国家高端智库培育单位	10	1
省级重点智库	287	29
省级重点培育智库	79	8
其他	576	59
合计	981	100

注:国家高端智库培育单位中,中国政法大学人权研究院(联合西南政法大学人权研究院)、中国南海研究院(联合武汉大学边界与海洋研究院)2家国家高端建设培育单位在名录中收录为4家。

三、智库地域分布

统计中国智库的地域分布,可以看出,半数以上的中国智库集聚在东部地区,中西部地区各占15%左右,西部地区的智库数量略高于中部地区;北京作为政治中心,拥有全国约1/4的智库,其次是上海、江苏、广东,这表明智库数量与地区社会经济发展程度密切相关。另外,智库数量多的省份基本都公布了重点智库、培育智库,体现了各省对智库发展的重视。

表 4-3 智库在各省(区、市)分布情况

序 号	省 区	智库数量(家)	省级重点智库、培育智库数量(家)
1	北京	247	14
2	上海	131	26
3	江苏	43	26
4	广东	42	15
5	广西	40	31
6	四川	35	22
7	云南	33	30
8	天津	33	
9	浙江	32	21
10	山东	32	15
11	辽宁	31	27
12	重庆	30	22
13	湖北	30	11
14	湖南	29	7
15	福建	27	15
16	黑龙江	25	20
17	江西	23	17
18	河北	21	18
19	安徽	19	15

续 表

序 号	省 区	智库数量(家)	省级重点智库、培育智库数量(家)
20	吉林	14	8
21	陕西	7	
22	山西	7	
23	河南	7	
24	甘肃	7	
25	内蒙古	7	3
26	新疆	5	
27	宁夏	6	3
28	贵州	5	
29	海南	5	
30	西藏	4	
31	青海	4	
合 计		981	366

四、研究领域分布

将数据库收录的981家智库按研究领域分为综合类、经济类、社会发展类(以下简称"社发类")、科技类、区域类、国际类、党建类、文化类、政法类、生态类、教育类、防务类、卫生健康类(以下简称"卫健类")等不同类型，分别统计其数量和占比。同时统计各类智库中省级重点、培育智库数量。

数据显示,不论是在总体各类智库还是省级重点及培育智库中,经济、社发、综合、科技、区域类智库的占比都超过了60%,是智库研究中较为热门的领域。此外,近年来各类智库研究涉及的领域越发全面,尤其是2020年,由于新冠疫情的爆发,卫健类智库数量越来越多,越来越受到重视。

表4-4 智库研究领域分布情况

研 究 领 域	数量(家)	占比(%)	其中省级重点、培育智库数量(家)
经济类	180	18.3	70
社会发展类	147	15.0	72
综合类	110	11.2	26
科技类	86	8.8	29
区域类	76	7.7	40
国际类	76	7.7	17
党建类	65	6.6	24
文化类	62	6.3	26
政法类	50	5.1	15
生态类	46	4.7	23
教育类	34	3.5	9
防务类	32	3.3	3
卫生健康类	17	1.7	12
合 计	981	100	366

五、各省(区、市)重点智库、培育智库

2015年中办、国办《关于加强中国特色新型智库建设的意见》印发后,各省都相继出台细则办法,筛选公布省级重点、培育智库,并在2017年达到顶峰,近两年新公布的智库数量平稳增长。

表4-5 各省(区、市)重点智库、培育智库情况

省级重点智库、培育智库公布年份	省(区、市)	数量(家)	合　计
2015年	江苏	10	25
	湖南	7	
	吉林	8	
2016年	江苏	16	42
	安徽	15	
	湖北	11	
2017年	河北	18	111
	云南	30	
	广东	15	
	黑龙江	20	
	四川	22	
	宁夏	3	
	内蒙古	3	

续　表

省级重点智库、培育智库公布年份	省（区、市）	数量（家）	合　计
2018年	浙江	21	94
	山东	15	
	辽宁	27	
	江西	17	
	北京	14	
2020年	广西	31	94
	重庆	22	
	上海	26	
	福建	15	

六、智库政策

2020年，国家依然非常重视专业性智库的建设，党中央、国务院和各部委等出台的多项重大政策文件中提到支持推进包括体育、交通、教育、经济、法治、科技、艺术等领域的专业性智库建设。

表4-6　2020年中央和国家部委等出台文件政策中涉及智库发展的内容

时　间	发布单位	文　　件	相关内容
2020年1月	体育总局	《2020年全国体育政策法规规划工作要点》	重新启动体育高端智库建设相关工作

续　表

时　间	发布单位	文　件	相关内容
2020年1月	教育部、山东省政府	《关于整省推进提质培优建设职业教育创新发展高地的意见》	依托驻鲁高校、科研院所等，开展职业教育国际交流研究，建设山东职业教育研究高端智库
2020年2月	中央全面深化改革领导小组	《关于深入推进国家高端智库建设试点工作的意见》	建设中国特色新型智库是党中央立足党和国家事业全局作出的重要部署，要精益求精、注重科学、讲求质量，切实提高服务决策的能力水平
2020年2月	交通部、发改委、工信部、财政部、商务部、海关总署、税务总局	《关于大力推进海运业高质量发展的指导意见》	加快建设世界一流海事大学、船舶检验机构、科研机构和新型智库
2020年7月	工业和信息化部等部门	《关于健全支持中小企业发展制度的若干意见》	完善中小企业政策咨询制度，培育一批聚焦中小企业研究的中国特色新型智库
2020年8月	体育总局、教育部	《关于深化体教融合 促进青少年健康发展的意见》	加快体育高等院校建设，丰富完善体育教育体系建设。加强体育基础理论研究，发挥其在项目开展、科研训练、人才培养等方面的智库作用
2020年10月	中共中央办公厅、国务院办公厅	《关于全面加强和改进新时代学校美育工作的意见》	鼓励有条件的地区建设一批高水平艺术学科创新团队和平台，整合美学、艺术学、教育学等学科资源，加强美育基础理论建设，建设一批美育高端智库

续 表

时　间	发布单位	文　件	相　关　内　容
2020年10月	交通运输部	《关于推进交通运输治理体系和治理能力现代化若干问题的意见》	推进交通运输新型智库建设
2020年11月	中国科协、民政部	《关于进一步推动中国科协学会创新发展的意见》	建设专业科技创新智库
2020年12月	交通运输部	《关于完善综合交通法规体系的意见》	进一步推进法律顾问、公职律师制度，统筹行业资源、社会资源，与高等院校、科研院所开展合作共建，打造交通运输立法智库，吸收精通法律、熟悉业务的专家型人才协助立法工作
2020年12月	中共中央	《法治中国建设规划(2020—2025年)》	加快补齐党内法规理论研究方面短板，重点建设一批党内法规研究高端智库和研究教育基地，推动形成一批高质量研究成果，引领和聚集一批党内法规研究人才

第三节　2020年中国智库发展动态

2020年，国内智库积极对标国家战略，组织、参与重大决策的研究与讨论工作，围绕"新冠疫情""'双循环'新发展格局"和"中美关系"等重大议题，提出一系列论证报告和对策建议，在决策服务、舆论引导、对外交流等方面发挥了重要作用。

本报告主要对2020年国内活跃智库新动态和研究选题新热点进行了盘点与梳理,总结出2020年国内智库发展年度特点,并预测2021年国内智库研究新热点。

一、活跃智库动态盘点

(一)智库在政府决策中的地位作用进一步加强

一是党和国家领导人出席重大智库活动,借助于智库平台向世界传递中国声音。10月22日,李克强总理在国家科技部和上海市政府共同主办的2020年"浦江创新论坛"上视频致辞,强调"科技创新是推动人类社会发展进步的不竭动力,中国始终秉持开放态度,致力于推动国际科技合作,实现科技创新互利共赢"。

二是国家部委和智库加强合作,聚焦服务贸易高水平开放、战略性新兴产业发展和应急管理等核心议题。9月5日,商务部和国务院发展研究中心等联合召开"中国服务贸易开放发展新趋势高峰论坛"。11月10日,国家信息中心和中国工程院等共同主办"2020战略性新兴产业培育与发展论坛",并发布《2021中国战略性新兴产业发展报告》。12月4日,公安部、中共中央对外联络部和中共中央党校(国家行政学院)等共同举办"2020年应急管理创新国际论坛",主题为"积极推进应急管理体系和能力现代化"。

三是国家高端智库与地方政府深度合作,探讨解决地方重大经济现实问题。6月21日,商务部国际贸易经济合作研究院和湖北省商务厅主办中国自由贸易试验区发展论坛,围绕自贸试验区建设与营商环境建设等议题进行探讨。9月和12月,商务部研究院先后与浙江省商务厅、湖南省中非经贸合作研究会签署战略合作框架协议，就自贸试验区建设、经贸深度合作先行区建设等问题进行合作。9月20日，国务院发展研究中心下属国研智库和山东省政府发展研究中心等主办高端智库活动"看山东'十四五'规划"。11月6日—7日，中国社会科学院与山东省人民政府、山东大学签订相关战略合作框架协议，重点围绕服务国家战略和山东经济社会发展、社会综合治理、优秀传统文化传承创新等领域进行实质性科研合作。

（二）智库在国际交流中进一步发挥公共外交的作用

一是积极开展与国际智库的对话与沟通，对中美关系走向进行研判。1月8日，北京大学国家发展研究院在美国举行"2020年中美经济二轨对话"。1月23日，中国人民大学重阳金融研究院与中国人民大学中美人文交流中心主办"中美人文交流40年：历程、经验与挑战"研讨会。6月5日，中国社会科学院主办"中美经贸摩擦问题与出路"研讨会。6月29日—30日，中国南海研究院和美国美中关系全国委员会联合举办线上"中美海上事务与国际法二轨对话"。8月19日，北京大学中外人文交流研究基地、斯坦福大学肖伦斯坦亚太研究中心、北京大学斯坦福中心围绕中美关系议题联合举办了中美高级别视频对话会。11月10日，中国人民大学国家发展与战略研究院举办"美国对华战略、舆论态势与中美关系演变"研讨会。12月11日，中国国际问题研究院与中国国际问题研究基金会联合举办"2020年国际形势与中国外交"研讨会，重点就中美关系等议题进行研讨。

二是聚焦"一带一路"建设的重点难点问题，围绕科技创新、减贫、文化等进行研讨。1月7日，北京语言大学"一带一路"研究院正式成立，并举办首届"'一带一路'汉学与文化发展论坛"。1月13日，中国南海研究院和斯里兰卡探路者基金会联合主办"'一带一路'与印太战略：机遇与挑战"国际研讨会。10月23日，中国科学技术发展战略研究院承办浦江创新论坛"'一带一路'创新之路：科技创新的互信与互动"专题研讨会。12月1日，"一带一路"绿色发展国际研究院正式成立，并发布《"一带一路"绿色发展案例报告（2020）》《"一带一路"项目绿色发展指南》等报告。12月3日，中国人民大学国家发展与战略研究院和中国国际文化交流中心等主办"中欧绿色发展论坛"。

三是与联合国机构等国际知名智库，就减贫、创新、疫情防控等可持续发展性问题进行深度研讨，着力提升国际话语权。6月9日，中国国际经济交流中心与国内外9家智库共同主办了"全球智库抗疫合作云论坛"开幕式和全体会议。10月16日，中央党校（国家行政学院）与联合国经济和社会事务部联合举办首届"发展中国家国家治理高端智库论坛"，以"反贫困的中国经验——加强公共机构在消除贫困和实现可持续发展方面的作用"为主题。10月22日—30日，在联合国教科文组织等指导下，上海市科学学研究所主办"浦江创新论坛——2020科技创新智库国际研讨会"，并发布《中国新一代人工智能发展报告2020》《全球前沿技术发展趋势报告》等报告。

（三）智库在合作构建多元化平台中进一步提升社会影响力

一是地方智库联盟相继成立，群策群智做强品牌。1月8日，中国社会科学院工业经济研究所等在内的33家智库组建交通运输新型智库联盟。8月6日，广西壮族自治区社科联、广东省社科联以及贺州市组建两广社科智库联盟。8月7日，胶东五市社科联组建胶东经济圈一体化发展智库联盟。8月26日，国研新经济研究院、联合国世界丝路论坛数字经济研究院、四川日报社等组建成渝高质量发展智库联盟。9

月 18 日,陕西省社联、省委政策研究室、省委党校等成立陕西智库联盟。10 月 18 日,盐城黄海湿地生态文明建设研究中心、盐城产业经济研究院、盐城城乡融合发展研究院等组建智汇盐城新型智库联盟。11 月 16 日,深圳市委党校、市社科院、综合开发研究院等 51 家智库机构组成深圳智库联盟。11 月 17 日,中科院地理科学与资源研究所、波兰科学院农村与农业发展研究所等"一带一路"地区 14 家科研机构与政府组织共同发起成立"一带一路"减贫与发展联盟(APRD)。

此外,智库联盟还在人工智能、智慧城市、自贸试验区、长三角一体化发展等前沿议题上持续深化研究。6 月 5 日,工信智库联盟指导、机械工业信息研究院主办"百万庄论坛:机工智库发布会(2020)"线上会议。9 月 24 日,中国大运河智库联盟、北京物资学院共同举办第七届"中国大运河智库论坛暨观察家观察员 2020 秋季报告会"。10 月 14 日—16 日,全国城市智库联盟举办"加快智慧城市建设,推进城市治理体系和治理能力现代化"研讨会。10 月 24 日,中国自由贸易试验区/自由贸易港法治智库联盟主办"中国自贸试验区/自由贸易港法治智库联盟 2020 年论坛"。11 月 26 日,"一带一路"智库合作联盟、中国东盟协会主办"中国—东盟大学(国别与区域研究)智库联盟论坛"视频会议。11 月 27 日,长三角高校智库联盟、复旦发展研究院举办"长三角高校智库峰会——示范区建设发展"专题研讨会。8 月 31 日,"一带一路"智库合作联盟举办"超越意识形态差异,共建人类命运共同体"云端论坛。

二是企业、社会智库活跃度进一步增强。1 月 4 日,阿里研究院主办第五届"新经济智库大会",主题为"看清未来:大美好时代"。6 月 20 日,中国(深圳)综合开发研究院、深圳市马洪经济研究发展基金会等联合举办"2020 年中国地方政府政务公开"研讨会。9 月 22

日—25日,零点有数、中国标准化研究院等联合举办"线上线下协同,政务智能治理"研讨会。9月30日,盘古智库和马来西亚新亚洲战略研究中心联合举办"数字人民币"线上研讨会。11月5日,上海发展研究基金会举办"国际金融论坛:金融服务助推构建'双循环'新发展"进博会配套研讨会,并与浦发银行联合发布题为《上海率先形成"双循环"新发展格局》研究报告。11月20日,国家创新与发展战略研究会、中国人民外交学会等联合主办2020年"读懂中国"国际会议。11月21日,方迪智库与临汾经济开发区签署战略合作框架协议。

二、智库研究选题热点

综合分析来看,"新冠疫情""全面小康""十四五规划""美国大选""金融创新""粤港澳大湾区""长三角一体化""乡村振兴""数字经济"方面的研究选题是2020年的研究热点。

(一)新冠疫情与经济复苏

3月6日,国务院发展研究中心宏观经济研究部和中国财政学会联合举办"疫情对财政经济冲击影响以及财政政策如何积极作为"视频会。4月22日,中国人民大学国家发展与战略研究院举办"疫情下欧美形势及其影响"国际视频研讨会。5月13日,北京大学国家发展研究院联合智联招聘举办"重建生机:后疫情时代的中国企业重启之路"研讨会。5月27日,中国国际经济交流中心与韩国对外经济政策研究院(KIEP)以"新冠疫情与世界经济"为主题开展"云交流"。5月28日,北京大学国家发展研究院、中国经济研究中心共同举办"新冠疫情的影响及应对策略"学术研讨会。6月30日,中国社科院国家金融与发展实验室举办"疫情下的经济金融形势：问题及对策"研讨会。7月15日，中国国际问题研究院与波兰智库举办"疫情之后的中国、欧洲与世界"视频对话会。

（二）"十四五"规划

7月3日，中国石油集团国家高端智库研究中心组织召开"十四五"能源发展问题研讨会。11月27日，中国社会科学院主办"十四五规划与中国发展"学术研讨会。12月5日，中国人民大学主办，中国人民大学重阳金融研究院、中国科学院文献情报中心承办"十四五规划与思想强国——第三届中国智库国际影响力论坛"。

（三）区域协同发展

10月22日，上海社会科学院与广东社会科学院共同主办"长三角与粤港澳区域发展研讨会（2020年）"。11月8日，中国中小企业金融服务50人论坛、深圳南山区工业和信息化局主办"粤港澳中小企业金融服务峰会"。11月27日，粤港澳大湾区发展广州智库、华南理工大学公共政策研究院联合承办"新发展格局与粤港澳大湾区建设——2020年度粤港澳大湾区发展广州智库论坛"。

（四）数字经济

6月24日，南开大学、中国科协等共建数字经济研究中心，旨在打造数字经济领域高端智库平台。8月5日，人民网舆情数据中心主办"直播赋能新业态数字经济新引擎"研讨会。9月2日，中国社会科学院数量经济与技术经济研究所举办"数字经济前沿秋季"研讨会，发布《中国数字经济规模测算与"十四五"展望研究报告》。

在人工智能方面,1月3日,上海人工智能发展联盟、闵行区人民政府共同主办"2020人工智能与长三角协同创新"高峰论坛。7月19日—20日,深圳市人工智能与机器人研究院与香港中文大学(深圳)联合主办"全球人工智能与机器人前沿"研讨会。8月29日,中科院软件研究所等主办"2020中国人工智能大会"。12月31日,中国科学技术发展战略研究院组织召开"《中国新一代人工智能发展报告2020》编写"研讨会。

(五)全面小康

8月22日,清华大学社会治理与发展研究院学术支持"2020中国社会治理与全面小康"研讨会。12月5日—6日,中国社会科学院经济研究所等主办"全面建成小康社会的成就与经验"学术研讨会。12月13日,上海对外经贸大学马克思主义学院、中国政治经济学学会联合主办"全面建成小康社会的实践探索和理论创新"学术研讨会。

此外,9月14日,中国发展研究院、浙江省现代农业促进会主办"2020乡立方乡村振兴论坛暨乡村人居环境治理新技术"研讨会。12月20日,农业农村部管理干部学院(中共农业农村部党校)主办"乡村振兴高层论坛·2020成果报告会"。12月30日,北京大学中国农业政策研究中心举办"2020年乡村振兴论坛"。

(六)金融创新

3月26日,中国(深圳)综合开发研究院与英国智库Z/Yen集团共同编制、发布第27期《全球金融中心指数》。6月30日,中国社会科学院国家金融与发展实验室举办"疫情下的经济金融形势:问题及对策"研讨会。8月21日,上海交通大学主办"2020中国金融评论国际研讨会"线上会议。10月21日—23日,新华通讯社、中国人民银行等联合主办"全球变局下的金融合作与变革"会议。11月21日,中国社会科学院法学所等主办"2020年北京金融法治建设"研讨会。11月27日—28日,北京大学举办"数字金融创新与经济发展新格局"系列研讨会。

(七) 城市治理

10月25日,中国社会科学院、中国科学院、中国工程院共同主办"迈向'十四五'的城市中国:人文、智慧与生态"研讨会。12月26日,上海社会科学院举办"面对疫情的国际城市治理——中日都市模式的互鉴"国际论坛。12月30日,南都智库举办"城市智慧治理"峰会。

(八) 能源发展

6月22日,国际能源署(IEA)和中央财经大学绿色金融国际研究院联合举办"国际能源署《2020年世界能源投资》报告发布会"。9月1日,中国科学院与韩国国家科技理事会(NST)共同举办"能源领域"线上研讨会。10月12日,中国社会科学院世界经济与政治研究所主办"全球能源新态势与地缘政治大变局"研讨会。12月17日,中国石油经济技术研究院以线上和线下相结合的方式发布《世界与中国能源展望(2020)》。

(九) 党的建设

8月21日,中央党校(国家行政学院)、中央党史和文献研究院、教育部、中国社会科学院等联合举办的"纪念列宁诞辰150周年理论研讨会"在北京召开。10月12日—13日,中央和国家机关工委机关党建研究杂志社与旗帜杂志社等联合主办"2020年长三角地区机关党建工作"研讨会。11月27日—12月1日,由新时代基层党建智库专家委员会指导,北京先锋城市基层党建研究中心举办的五中全会与"十四五"规划解读研讨班在中央党校(国家行政学院)南校区举办。12月21日,"全国党建研究会高端智库建设工作座谈会"在海南召开。

(十) 中美关系

11月10日,中国国际问题研究院与日本国际问题研究所(JIIA)、韩国国立外交院(KNDA)共同在线举办第13届"中日韩三边合作论坛",深入研讨美国大选后的外交政策、亚太地区的安全和经济秩序,以及中、日、韩三边合作。11月18日,中国人民大学国家发展与战略研究院举办"国际热点问题"研讨会,主要研讨"美国大选后政策走向及其影响"。

第五章　中国智库高质量发展建议

中国特色社会主义的伟大实践表明,中国特色新型智库是国家治理体系和国家软实力的重要组成部分,也是密切联系我国高校、研究机构与政府决策部门的重要纽带与桥梁,深刻地影响着我国公共政策的形成与制定,承担着提升国家治理能力现代化的重要使命。

然而,面对全球新冠疫情的重大冲击和挑战,以及后疫情时代世界科技、经济、社会发展的新态势,中国智库在回答"时代之问"、寻求"破解之道"、履行"使命职责"的过程中仍存在一些不足和短板。在国家治理体系和治理能力现代化的发展脉络下,中国智库如何嵌入国家治理体系,更好发挥中国决策咨询体系的中坚力量;如何优化自身内部的治理结构,有效整合资源以实现其社会功能。这都是中国智库现代化建设过程中必须解决好的问题。

第一节 当前中国智库高质量发展存在的主要问题

一、前沿议题设置能力不足,研究缺乏预见性和引领性

新科技革命和世界秩序变革正在重塑全球经济结构,国内经济社会进入高质量发展新阶段,这对智库提出许多新命题,如何更好地认识发展新趋势,与时俱进地设置全球性、全局性议题,更好地服务决策,这是中国智库高质量发展面对的首要问题。但目前中国智库不仅在国际舞台上缺乏超前的议题设置能力,在国内政策市场议题设置上仍较弱,甚至滞后于决策部门需求。前瞻性、储备性研究有待提高,预判性、对策性研究不够超前,有些新领域、跨领域的新问题缺乏相关智库去研究。面对突如其来的重大公共卫生安全问题,预警预测、风险评估、应急管理等储备性研究不足。相比较而言,国际顶级智库都预设研究一些前沿议题,如美国兰德公司早在2007年就研究"网络空间:国家安全和信息战",近些年还推进"安全2040"的项目研究,旨在预测技术、人员和思想如何塑造全球安全的未来。

二、智库研究的专业性不足,成果精准性有待提高

目前我国已形成了党政部门、社科院、党校行政学院、高校、军队、

科研院所和企业、社会智库等智库多元共同发展格局,但囿于大多数智库脱胎于传统研究机构体制,表面上类别较多,但实际上组织形式仍是单一的,以行政事业单位编制为主,在研究内容、研究方式、资金来源、资政渠道等方面比较类同,缺乏明显的差异和特色。而且由于行政隶属关系,各类智库又分属于不同系统、不同部门,存在"条条"与"块块"之间分割和壁垒,研究资源分散于不同部门、不同区域,各智库为争夺研究资源、抢占话语权,常常一哄而起、扎堆研究,由此而出现大量同质化、低水平重复的咨政内参、研究报告、学术会议,造成研究资源低效率使用。

另一方面,智库针对社会发展中的问题提出的方案策略和对策建议的精准性还有待提高,大多数研究成果集中在宏观综合层面,提出的应对措施较概念原则化。这一方面源于一些能力较弱的智库机构缺乏基于专业化的长期跟踪研究成果,缺乏将大数据、人工智能等新技术引入政策研究的有效工具手段。另一方面,也更关键的是,一些智库机构缺乏深入的实地调查研究,其咨政建言很难达到精准管用。这与国际著名智库注重跨学科交叉研究和专业化分工存在较大差距。

三、人力资源配置不够科学,成果产出效率效能不高

智库的核心要素是人力资源,具有创新意识、战略思维和现代先进技术的专家领军团队,理论研究和应用研究融会贯通的跨领域复合型专业技术研究团队,熟悉现代智库运行规律的运作管理团队等,都是保证智库高效产出的关键。但目前中国大多数智库机构缺乏这样现代化的人力资源配置。当前中国智库人才大多是具有人文社会科学研究背

景的博士、硕士,这是高校按照学科研究目标培养的人才,而智库人才还需要有更多的社会实践经验、政府工作经验,乃至国际生活工作经验。一些高校智库领军人才不是"学科带头人"就是"行政官员",研究团队大多由高校教师兼职组成,运行管理则由几位学校行政人员负责;科技智库拥有一批战略科学家和科技工作者,但研究团队中缺乏公共政策研究专家,科技发展与政策研究脱节现象明显;社科院智库领军人才、研究团队多以哲学社会科学人才为主,缺乏掌握前沿新技术发展的科技人才参与。

因此,尽管全国智库数量众多、经费人力投入不少,但智库产出的效率效能相对较低,真正高质量有影响力的智库仍较少。相比较而言,国外顶级智库就比较注意人力资源配置,如兰德公司1 850名员工的专业背景覆盖了从数学、运筹学、统计学到政治学、经济学、商科和法律、艺术、文学等多种学科。

四、管理方式缺乏创新性,发展内生动力机制不足

智库应当具备一定的灵活性,具备对突发事件快速反应的能力,这不仅需要智库对突发事件具有前瞻性预判和充分的研究积累,还需要有快速反应机制。国外顶级智库大多采用扁平化的组织结构和管理模式,在面对突发事件时,能发挥组织优势,迅速组织集体研讨并形成高质量研究成果。相比之下,中国大部分智库脱胎于党政机关内部的研究部门,以及事业单位性质社科院、高校中的研究所等,这些机构在转型为智库之前,其目标导向、管理体制都是遵从于党政机关管理、事业单位管理、高校学术管理的,并不完全适应现代化智库的目标导向和要求。

一方面，经费使用、人事管理、成果评价等内部管理制度大多遵从于上级党政机关、事业单位等统一规定，缺乏灵活空间和自主权，没有形成以智库人才为中心的管理制度。事业单位的经费管理是参照党政机关的，有固定的经费来源、详细的预算科目、严格的使用制度等。而作为现代化智库，研究任务固然有需要长期跟踪深入研究的课题，也有随着社会公共事件和政策需求动态变化的任务，而知识的产生过程本身就是不确定的，因此就应该给予经费使用以更灵活的空间。再如大部分高校不将智库成果作为职称晋升的依据，智库人员难以形成长远发展预期。

另一方面，大部分体制内智库实行科层制管理模式，冗长的内部流程与部门协调过程，对突发事件的响应速度较慢，这导致在一些重大事件中体制内智库陷入集体失语困境。

五、利用新技术能力偏弱，政策研究缺乏针对性与精准性

独特的数据资源和研究模型是智库的核心竞争力，越来越多的智库将依托自主研发的数据库和模型库开展决策咨询研究，在信息化日新月异发展的背景下，利用大数据、人工智能等新技术来创新研究方法、拓展研究能力，以提高决策咨询研究工作的效率和精准性，这在国外许多智库实践中已经有了可供借鉴的经验。如美国城市研究所开发的税收政策微观模拟模型，利用云处理能力，分析新税法对联邦政府税收、纳税人税后收入、每次迭代的税收收入带来的影响，并快速对 9 000 多个替代方案进行利弊分析，供决策者选择最优方案。

目前，我国智库利用新技术手段开展决策咨询研究的能力总体上

偏弱,由于缺乏政策分析的"大数据"时代意识,大多数智库研究还停留在理论演绎、头脑风暴、经验提炼、个案分析等传统方式上,研究方法的应用主要依赖于各类外部统计数据,缺少对专题数据的长期积累和开发。政策分析方法和信息支持的制约限制了中国智库整体水平的提高以及中国智库政策思想观点质量的提升,也使得中国智库在国际话语权的竞争中缺乏对话基础。

六、传播缺乏有效手段,影响力和话语权难以提高

智库要发挥作用,必须借助于媒体传播渠道扩大其在社会公众中的影响力,以间接地影响决策,智库与媒体的融合发展已成为当前我国舆论宣传的新趋势。媒体借助于智库研究议题的深度挖掘,向公众传播公共政策,智库借助于媒体引导新议题、扩大其研究成果影响力。

但是,目前中国智库的传播力总体仍较弱,特别是在国际舞台上由于话语体系不对接、交流合作方式受限、对外传播渠道不畅,以及缺乏新技术方式手段的使用等因素,国际传播力显得更不足,如何充分借助于新媒体、新科技、社交网络的力量,提升和延展思想传播的能力及效果,对许多中国智库来说,是有待破解的难题。

第二节 当前中国智库高质量发展的对策建议

在当今国际秩序急速转变、新技术颠覆性发展、全球治理模式加快

变革的新时代,中国智库如果不进行一场自我现代化革命,其在公共决策中的地位作用将被弱化,服务国家战略需求的使命也难以实现。因此,在全球视野下,当前中国智库的高质量发展,关键是要紧紧围绕国家治理体系和治理能力现代化发展的要求,站在时代前沿,以改革创新为动力,采用新技术方法,加强前瞻性研究,力求做到"精益求精、注重科学、讲求质量,切实提高服务决策的能力水平",充分体现智库的"高见、先见、远见、创见"。

一、创新发展理念,促进中国智库的多元化发展

如何在公共政策研究领域激发广大智库的积极性、创造性,需要智库管理部门创新发展理念,顺应中国社会转型发展趋势,积极探索一条中国智库多元化发展的道路。

目前,我国智库的多元化发展,有助于摆脱以往"行政体制对政策过程的垄断",避免智库为政策做脚注的"迎合化"倾向。为此,要使得智库的研究更有效,首先需要在理念认知层面逐步提升决策部门对智库重要性的认识,在制度保障层面加快推进智库深度介入政策过程的体制建设。尤其是要加强政策过程的两端与智库对接,如在重大决策出台之前开展预研究的方案比选,在重大决策出台之后开展政策后评估,将智库领军人才参与政策过程作为一种制度性的安排。同时,政府信息和数据也要更多地向智库开放,使得智库与决策部门之间的联系更加紧密。新型智库是从事原创性知识生产的组织,与政府之间绝非依附顺从的关系,而是相互依赖、相互平衡、相互促进的新型伙伴关系。

中国智库在高质量发展过程中需要一个组织形态多元化、类别多样性的政策咨询市场,以及一个良好的智库生态圈,组织背景多元化的各类智库机构发挥自身影响力和优势。智库之间不仅是政策观点的竞争者,还是取长补短的合作者,共同承担着向政府提供智力支持的任务。这需要政府决策部门和相关智库管理部门积极借鉴政府对企业实行"放管服"改革的方式,对智库机构发展赋予更多的自主权,特别是对科技、经济类智库放松管控。比如在选题上,既要有具体的要求和指导,也要留出空间交予智库自主选题。

二、深耕专业研究领域,打造特色鲜明的智库品牌

专业化是中国特色新型智库建设的基本要求。当今时代,各种智库应运而生,蓬勃发展。不同类型智库要把握自身特色,树立独特的专业优势和品牌产品,精准有效地服务党和国家科学决策、民主决策。比如,以社会科学理论研究为主的科研院所和高校,必须突出强项长板,发挥理论创新引领的优势,利用特色学科优势打造专业智库品牌;以应用研究为主、面向区域政策咨询市场的社会智库和企业智库,必须更多体现其"小而精"的专业研究特色,更好发挥其社会服务功能。比如,"一带一路"倡议,全国有几百家智库都在研究,但不同智库按照专业、国别、领域等不断细分产出各具特色的研究成果。又比如,在疫情的大背景下卫生健康类智库提供专业化防控措施;城市发展类智库提供疫情防控下公共安全与城市治理对策;经济类智库研究复工复产对策建议;国际关系智库立足中国国际形象提出疫情防控下的国际战略。在中国智库高质量发展过程中,不同类别的智

库要深耕各自的专业领域,结合社会需求和自身资源特点,着力打造特色鲜明的智库品牌。

三、强化科学管理,建立现代智库运行机制

智库作为生产思想和产出公共政策的组织形式,具有独特的发展规律,需要加强适应自身特点的科学管理。中国智库在高质量发展过程中要根据各类智库不同的发展模式,建立完善现代化的管理制度,形成高效有序的内部治理机制。

一是赋予各类智库机构更多的改革自主权,鼓励智库机构制定以智库人才为中心的经费使用、成果评价、人事考核等管理制度,实现以研究项目负责制为重点的考核激励机制,采取更有针对性的扁平化管理方式。当前大多数高校智库是依附于高校的二级研究机构,不是独立法人,在内部管理上面临人员评聘、经费使用等多方面的限制,建议在政策许可的范围内,高校智库机构能以社会智库、企业智库的形式独立注册成法人。此外,在条件成熟的情况下,智库机构可参考鼓励体制内科技人员停薪留职出去创业的政策,鼓励社会影响力较大的资深智库人才创办各类专业化的社会智库。

二是进一步深化科研项目管理体制机制改革,完善研究选题、立项以及研究过程跟踪机制、成果质量评审机制和智库影响力渠道通达机制,形成灵活多样的管理机制和方式,激发体制内外智库发展的潜力与活力。比如在选题上,既要有具体的要求和指导,也要留出空间给智库自主选题。在研究内容上,不要设置太多的条条框框,要鼓励智库客观、独立地进行第三方研究,提倡不同政策建议的切磋争鸣、平等讨论。

四、培养复合型人才,提升智库核心竞争力

智库高质量发展的核心是智库领军人物和团队,智库人才是智库高质量发展的动力源泉。智库建设重点需要三类人才:领军人才是智库的灵魂,也是舵手,驾驭智库前行;跨专业、跨领域的研究团队是智库的压舱石,研究团队素质体现智库实力,决定智库整体质量;行政管理团队是智库运行的黏合剂、润滑剂,承担大量行政事务,提高智库运行效率。三类人才的结构配比和相应的激励机制是智库可持续发展的根本。

人才不仅要吸引,更重在培育,只有牢固树立"不拘一格用人才"的观念和唯才使用的人才体制,智库发展才能有坚实保障和有力支撑。兰德公司经验值得借鉴,早在1970年兰德就成立了帕迪兰德研究生院,成为世界"政策分析"专业博士学位的主要授予点,这在美国其他智库中可能也是绝无仅有的。学生在校学习期间由多名项目负责人共同担任导师,除了正规课程以外,还要求博士生必须完成规定天数的政策项目实习任务,接触兰德的各个研究领域、研究方法和各类客户,通过"干中学"积累实践经验。

建议当前有条件的高校智库和社科院智库可重点试点招录相关政策分析专业的硕士、博士研究生,作为智库的储备人才加以培养。党政类智库机构与高校联合建立博士后流动站,专门培养智库后备人才。建议增设高校研究员职称系列,鼓励高校老师专门做智库研究,实现智库机构人员和政府部门工作人员"旋转门"机制制度化。

五、运用新技术研究手段和传播手段，提高智库成果质量和影响力

智库应高度重视大数据、互联网、人工智能等科技革命给研究方法带来的革命性变化，吸纳掌握新技术的人才，加大新技术的软硬件投入，不断利用新技术，更新方法论。目前，中国在人工智能和新兴 5G 发展中已处世界前沿，中国智库运用人工智能技术的潜力和空间非常大。高校智库、科技智库、军队智库和企业智库数量众多，是我国科技创新发展的重要主体，当前可依托其雄厚的科技研究能力，以及强大的财力、人力，在利用大数据、人工智能技术进行智库研究工作上率先做出表率。党政智库、社科院智库等哲社人文类智库可通过与高校智库、科技智库等的合作发展，加快利用新技术强化专业数据库建设，全面提升政策咨询研究能力水平。

智库还要重视与媒体的合作，主动设置议题，充分发挥引导社会舆论的功能。打造门户网站、微博、微信，乃至包括外文网站和社交平台的全媒体平台，借助于媒体渠道把思想观点传播出去，智库与媒体之间是一种互相依赖、优势互补、目标一致的伙伴关系。今后智库与媒体的合作还应在议题设置能力方面有所突破。纵观"文明的冲突""锐实力""世界重心东移"等一系列重大议题的提出，都是国际顶级智库与媒体精心策划的结果。因此，智库的领先在一定程度上源于议题设置能力领先，即智库发声贵在先声夺人，需要掌握好时机与分寸。智库要成为新议题、新理念的领跑者，就需要灵敏的洞察与触觉、长期的研究与积淀，以及媒体的支持与宣传。

六、传达中国声音,拓展对外交流渠道

一是拓展对外交流合作渠道。在当前错综复杂的国际关系中,智库公共外交的功能作用更加突出。中国智库要高质量高水平发展,必须对标国际顶级智库发展,深度参与全球治理体系和各种国际间政策对话,提升在重大国际议题设置、国际规则制定、国际协商谈判中的能力水平和影响力、话语权。中国智库要积极"走出去",参加国际论坛,举办国际会议,运用国际通用的方式传达中国声音。应加大力度支持我国各类智库与国外智库开展广泛交流,不能仅仅停留在相互来访的基础上,还要进一步增强合作的黏性,可以联合开展项目研究、联合发布研究成果、鼓励人员跨国流动等,乃至到国外重点地区设置分支机构。

中国智库也要擅于把智库的国际资源"请进来",包括国际知名专家学者,退休的外交家、政治家,以及其他国家年轻的后备骨干等。在培育和引进国际人才中需要借鉴国际一流智库的管理模式,在全球范围内招募智库人才。

我们不能满足于礼节性的互访活动,还要进一步增强智库合作的黏性,从短期合作到长期合作,从浅层次合作到深度合作,逐步融入全球政策网络和全球智库网络。通过联合开展项目研究、联合发布研究成果、鼓励人员跨国流动等,推动从研究理念、管理方式到工具和方法的同步更新与相互借鉴。

二是加强国际传播能力建设。中国智库要主动走到国际舞台上发声,利用各种传播媒介和国际重大活动,打造融通中外的新概念、新范畴、新表达,积极回应国际社会关切,让国际社会和国外民众了解中国

发展情况、客观听到中国真实的声音,展示真实、立体、全面的中国。要学习借鉴国际智库的宣传方式、加强与各种国际媒体组织的交流合作,通过更多新媒体渠道,善于运用国际化的话语体系和表达方式,有效引导国际舆论。要选拔一批年轻的优秀智库人才到各种国际组织任职,或到国际顶级智库做访问学者,扩大中国智库在国际社会的影响力和话语权。要充分利用好智库这个独特的角色,在国际学术交流活动中积极拓展国际人脉,不断扩大知华友华的国际舆论朋友圈。

附录

中国智库发展大事记(2018—2020年)

2018年

1月

4日　　国家信息中心与中国航天十二院、厦门市政府在厦门联合举办第12期"钱学森论坛"。

13日　　由国务院发展研究中心指导,中国经济时报社主办的"第九届中国经济前瞻论坛"在北京举行,论坛聚焦"新时代的中国经济"。

16日—17日　　由中国南海研究院和美国美中关系全国委员会共同主办的第六轮"中美海上事务与国际法二轨对话"在海南省三亚市举行。

19日　　由浙江工业大学主办,浙江工业大学全球智库研究中心承办的《中国大学智库发展报告(2017)》研究成果发布会在北京召开。

31日　由中共中央对外联络部主办的金砖国家智库合作中方理事会2018年年会在北京举行,会议主题为"凝聚中国智慧,开辟金砖合作光明未来"。

2月

25日　中国经济50人论坛在北京钓鱼台国宾馆召开2018年年会,年会主题为"从高速增长到高质量发展"。

3月

8日　首都高端智库理事会第一次会议召开。

10日　由中国浦东干部学院和光明日报社共同主办的"中国特色新型智库建设"高层论坛(2018)在上海召开,与会者就"新时代中国特色新型智库的新使命"展开研讨。

16日　《2017中国智库报告》发布会暨"新时代与中国特色新型智库"研讨会在上海社会科学院举行。

20日　国家新闻出版广电总局发布《关于加快新闻出版行业智库建设的指导意见》,规范和引导新闻出版行业智库健康发展。

24日　世界大学智库联盟会议在北京举行,世界大学智库联盟宣布成立。

24日—26日　由国务院发展研究中心主办的中国发展高层论坛2018年年会"新时代的中国"在北京举行。

26日　由中国社会科学院主办的"新时代上海合作组织新发展"国际智库论坛在北京举行。

4月

3日 "一带一路"高端智库论坛暨"一带一路"智库合作联盟理事会第四次会议在北京举行。会议由中联部当代世界研究中心和中国人民大学重阳金融研究院共同主办,主题为"'一带一路'建设五周年:回顾与展望"。

8日 由中国(海南)改革发展研究院与网易财经共同主办的"2018网易经济学家年会·中改院论坛"在海南海口召开,论坛主题为"新时代新商业革命"。

8日—11日 以"开放创新的亚洲,繁荣发展的世界"为主题的博鳌亚洲论坛2018年年会在海南博鳌召开。

17日 由河南省社会科学院、河南省人民政府发展研究中心、洛阳理工学院联合举办的第八届中原智库论坛在洛阳召开。

5月

9日 云南省社会科学院、中国(昆明)南亚东南亚研究院与中共云南德宏州委州政府、缅甸战略与国际问题研究所在云南省德宏州首府芒市联合举办了"第二届中缅智库高端论坛"。

14日—15日 由上海社会科学院、中联部当代世界研究中心、香港贸易发展局参与主办的首届"一带一路"上海论坛在上海举办。

26日 由复旦大学和韩国高等教育财团主办、复旦发展研究院承办的"上海论坛2018"年会在上海国际会议中心开幕。

29日—30日 由中国社会科学院和俄罗斯国际事务委员会主

办的2018中俄智库高端论坛在北京举行,本次论坛以"中国与俄罗斯:新时代的合作"为主题。

6月

9日　由复旦大学中国研究院、上海春秋发展战略研究院、观察者网联合举办的"思想者论坛·2018"在上海开幕。

12日—15日　"第六届中国—南亚东南亚智库论坛"在云南昆明举行。论坛以"携手共建人类命运共同体——深化新时代中国与南亚东南亚国家务实合作"为主题。

14日　工信智库联盟成立大会暨工信智库论坛在北京召开。

17日　由全球化智库(CCG)、美国宾夕法尼亚大学智库项目(TTCSP)主办的"2018中国全球智库创新年会"在北京举行,本届年会以"分化、加速的经济全球化时代与智库创新"为主题。

22日—23日　由上海市科学学研究所主办的"浦江创新论坛——2018科技创新智库国际研讨会"在沪举行,会议以"科技创新中心:城市群与未来机遇"为主题。

23日　由金砖国家智库合作中方理事会主办的"2018金砖国家智库国际研讨会暨第22届万寿论坛"在上海举行,论坛以"全球经济治理格局中金砖国家务实合作"为主题。

7月

2日　全国工商联智库成立大会在北京举行,34位专家获颁全国工商联智库委员会委员聘书。

4 日　　中非智库论坛第七届会议在北京举行,会议主题为"改革开放与中非关系"。

14 日　　由财政部国际财经中心会同国内相关研究机构发起的"美国研究智库联盟"成立仪式暨"中美贸易战的影响及走势"研讨会在北京举行。

25 日　　黑龙江新型智库建设工作会议在哈尔滨召开。

9 月

17 日—21 日　　由中蒙俄智库合作联盟主办,蒙古国国立大学、蒙古国科学院承办的"中蒙俄智库国际论坛 2018"年会在蒙古国首都乌兰巴托市举办。

18 日　　第 11 届中国—东盟智库战略对话论坛在南宁举行。

18 日—20 日　　由"一带一路"智库合作联盟与甘肃省人民政府共同主办的"面向未来的文明之路"——"一带一路"国际智库论坛在敦煌举办。

19 日　　由广东省社会科学院主办的"第 21 届全国社会科学院院长联席会议暨智库论坛"在广州召开,论坛聚焦"习近平新时代中国特色社会主义思想与新型智库建设"。

26 日　　河南省社会科学院、河南省人民政府发展研究中心、河南日报报业集团、华北水利水电大学联合举办的第九届中原智库论坛在郑州召开,主题为"以党的建设高质量推动经济发展高质量"。

10 月

14 日　　由复旦大学与中联部"一带一路"智库合作联盟联合主

办的以"'一带一路'与全球治理：新实践·新理念"为主题的第二届"一带一路"与全球治理国际论坛在上海举行。

19日　　由中国社会科学评价研究院主办的第一届中国智库建设与评价高峰论坛在北京举行。

21日　　由武汉大学与光明日报社联合举办的第二届珞珈智库论坛在武汉举行，论坛主题为"新时代文化强国战略"。

25日　　由中国国际问题研究院、东盟战略与国际问题研究所（ASEAN-ISIS）联合主办的第五届中国—东盟智库对话会在北京举行。

25日—26日　　由上海社会科学院、复旦发展研究院、万里智库联合主办的2018上海全球智库论坛在沪举行，会议主题为"国际秩序变化与智库高质量发展"。

30日—31日　　由马其顿地缘政治与外交政策研究所和中国社会科学院主办，马其顿外交部和中国—中东欧国家合作（"16＋1合作"）秘书处支持的第五次中国—中东欧国家高级别智库会议在马其顿首都斯科普里召开，会议主题为"如何深化中国—中东欧国家合作"。

11月

10日　　由国家"一带一路"智库联盟、广东省人民政府指导，广东国际战略研究院、中联部当代世界研究中心共同主办的"21世纪海上丝绸之路国际智库论坛2018"在广州举行。

12日　　由福建社会科学院主办的"新时代哲学社会科学创新与新型智库建设研讨会"在福州召开。

16日　　云南新型智库联盟成立暨理事会第一次会议在昆明

召开。

22 日　　由中国外文局、成都市人民政府主办的 2018 当代中国与世界智库论坛在成都开幕。论坛上,国际智库合作交流研究基地正式揭牌。

25 日　　四川省社会科学院与中国科学院成都文献情报中心联合发布《中华智库影响力报告(2018)》。

25 日—26 日　　由辽宁社会科学院承办的"第七届沿边九省区社科院院长联席会议暨新型智库战略联盟研讨会"在辽宁省沈阳市召开。

29 日　　由中国科学院文献情报中心主办的"2018 第三届智库能力与新型智库建设暨齐文化与当代价值高级研修班"在淄博市举办。

12 月

7 日　　由国务院发展研究中心与国际关系和可持续发展中心联合数十家全球知名智库共同发起的"丝路国际智库网络"2018 年年会在法国巴黎召开。

7 日　　由外交学院和中国(海南)改革发展研究院共同主办的亚洲区域合作思想库网络国内联席会议暨"新形势下的东亚区域合作"研讨会在海南召开。

8 日　　中国大学智库论坛 2018 年年会在复旦大学举行。论坛以"决胜全面建成小康社会：理论·实践·战略"为主题,由中国大学智库论坛秘书处和高校高端智库联盟秘书处共同主办。

19 日　　第五届两岸智库学术论坛在贵阳举行。此次论坛由中国社会科学院台湾研究所、全国台湾研究会、厦门大学台湾研究院、台湾二十一世纪基金会、台湾"中国文化大学"社会科学院和贵阳市人民政府共同主办。

22日　　南京大学、光明日报社在南京联合主办"2018中国智库治理暨思想理论传播高峰论坛"。

26日　　在2018国宏经济论坛暨第二十四次全国发展改革系统研究院(所)长研讨会上,"中国宏观经济智库联盟"成立。

2019年
1月

3日　　河南省高校高端智库联盟成立大会暨首届智库峰会在河南举行。

6日　　阿里研究院主办的第四届新经济智库大会在北京举行。

2月

16日　　中国经济50人论坛2019年年会在北京举行。与会学者围绕"如何实现'六稳',保持经济长期向好"主题展开探讨。

21日—22日　　2019年全国政策咨询工作会议在南京召开。

3月

11日　　由中国浦东干部学院与光明日报社联合主办的"中国特色新型智库建设"高层论坛(2019)在沪举行。会议聚焦"中国特色新型智库建设与中国特色大国外交"。

18日　　上海社会科学院发布《2018中国智库报告》,并举行"中国智库高质量发展"研讨会。

4月

24日　　由新华社研究院联合15家中外智库共同发起的"一带一路"国际智库合作委员会在北京宣告成立。

25日　　由中宣部主办的第二届"一带一路"国际合作高峰论坛"智库交流"分论坛在北京举行。

5月

6日—7日　　由上海市科学技术委员会、中国科学技术发展战略研究院、联合国教科文组织指导,上海市科学学研究所主办的"浦江创新论坛——2019科技创新智库国际研讨会"在沪举行。

21日—22日　　由缅甸战略与国际问题研究所、中国驻缅甸大使馆、云南省社会科学院、中国(昆明)南亚东南亚研究院、中共云南德宏州委、州人民政府共同主办的"第三届中缅智库高端论坛"在缅甸举行。

25日—27日　　由复旦大学和韩国高等教育财团主办、复旦发展研究院承办的上海论坛在上海举行,论坛主题为"全球变局中的亚洲:挑战、发展和新范式"。

26日　　由国务院发展研究中心指导、中国发展出版社主办的"一带一路"国际合作发展论坛在北京举行,论坛以"发挥智库作用,推动对话协商,助力'一带一路'"为主题。

28日　　由全国地方科技智库联盟主办、中国科学院成都文献情报中心和重庆科技发展战略研究院联合承办的"第三届全国科技智库论坛"在成都召开。

29日　　由俄罗斯国际事务委员会与中国社会科学院主办的第五届中俄智库高端论坛"中国与俄罗斯：新时代的合作"在莫斯科举行。

6月

25日—26日　　全国哲学社会科学工作办公室在深圳召开"国家高端智库建设经验交流会"。

7月

1日　　由复旦大学中国研究院主办,清华大学社会治理与发展研究院联合主办的第三届思想者论坛(2019)在北京举行,论坛主题为"百年变局：70年共和国道路与世界格局重构"。

9月

17日　　由中国社会科学院、国务院参事室和广西壮族自治区人民政府主办的第十二届中国—东盟智库战略对话论坛在广西南宁举行,论坛以"汇聚智慧共识,共绘合作发展愿景"为主题。

25日　　长三角研究型大学智库峰会在合肥举行,峰会聚焦"长

三角一体化　新科技新金融"主题。

10 月

12 日　由光明日报社、武汉大学联合主办的第三届珞珈智库论坛在武汉举行。与会专家聚焦"全球治理体系变革与中国主张"这一主题，对全球治理体系变革进行深入探讨，对中国主张与中国作用进行总结梳理。

15 日　2019 江西智库峰会在南昌召开，以"在加快革命老区高质量发展上作示范、在推动中部地区崛起上勇争先"为主题。

18 日—19 日　由复旦大学与中共中央对外联络部"一带一路"智库合作联盟联合主办的第三届"一带一路"与全球治理国际论坛在上海举行，论坛以"共建'一带一路'：从倡议到实践"为主题。

19 日　由金砖国家智库合作中方理事会主办的"2019 年金砖国家智库国际研讨会"在福州举行，研讨会主题为"金砖国家科技创新合作"。

21 日　第六届世界互联网大会互联网国际高端智库论坛在乌镇举办。此次论坛由中国网络空间研究院和美国布鲁金斯学会联合主办，论坛主题为"信息时代的文明交融与智库责任"。

22 日　以"把握时代机遇共谋和平发展"为主题的第六届两岸智库学术论坛在浙江杭州举行，本次论坛由中国社会科学院台湾研究所、全国台湾研究会、厦门大学台湾研究院和台湾二十一世纪基金会、台湾"中国文化大学"社会科学院共同主办。

24 日—25 日　由上海社会科学院、"一带一路"智库合作联盟、中国宏观经济研究院、复旦大学、上海全球城市研究院和万里智库等共同主办的"2019年上海全球智库论坛"在沪举办,论坛主题为"中国的新开放与全球智库创新"。

26日　中国宏观经济研究院和国家开发银行研究院联合22家研究机构在北京举办长江经济带高质量绿色发展智库联盟成立仪式暨"十四五"时期长江经济带高质量绿色发展研讨会。

28日　由中国国际问题研究院、中国人民外交学会与中国国际问题研究基金会联合主办的第五届中国—拉美和加勒比智库论坛在北京开幕。

11月

2日　由中共中央宣传部、中国外文局、中国驻智利使馆、智利大学共同主办的"当代中国与世界——中拉智库对话会"在智利首都圣地亚哥举行,主题为"智库合作与构建中拉命运共同体"。

2日　在海南省委宣传部的指导下,海南省社科联(社科院)、海南大学共同主办的中国(海南)—东盟2019智库论坛在海口召开,主题为"海南自贸区、自贸港建设与中国东盟互联互通"。

8日　由中国社会科学评价研究院(CASSES)主办的第二届中国智库建设与评价高峰论坛在北京举行。

10日　由"一带一路"智库合作联盟、广东省人民政府共同指导,广东国际战略研究院、中联部当代世界研究中心、中国社会科学院世界经济与政治研究所、广东外语外贸大学合作主办的21世纪海上丝绸之路国际智库论坛(2019)在广州举行,论坛以"21世纪海上丝绸之路高质量发展"为主题。

15日　由广东省社会科学院、广东省社会科学界联合会、华南理工大学公共政策研究院、中国(海南)改革发展研究院和中国(深圳)综合开发研究院等联合举办的第八届中国南方智库论坛在广州召开,论坛主题为"中国现代化道路的实践与启示"。

28日　由中国社会科学院和印度世界事务委员会共同主办的"第四届中印智库论坛"在北京举行。

12月

5日　由江苏省委宣传部、省社科联主办,省社科院区域现代化研究院承办的第四届江苏智库峰会在南京举行,主题为"推进治理体系和治理能力现代化、谱写'强富美高'新篇章"。

5日　第三届长三角—珠三角党校智库合作联盟论坛在东莞市委党校召开,论坛主题为"构建开放型区域协同创新共同体"。

5日—6日　中国科学技术发展战略研究院在北京主办首届"科技中国"智库联席会议,会议主题为"科技发展趋势与中长期谋划"。

14日　湖南省智库建设工作会议暨湖湘智库论坛(2019)在长沙举行。

26日　由中共中央对外联络部举办的"一带一路"高端智库论坛暨"一带一路"智库合作联盟理事会第五次会议在北京举行。

2020年

1月

3日　由金砖国家智库合作中方理事会主办,北京第二外国语学院承办的"第三届金砖国家智库合作中方理事会年会暨第二届万寿国际形势研讨会"在北京召开,会议主题为"百年变局下的复兴之路"。

4日　　由阿里研究院主办的第五届"新经济智库大会"在北京举行,会议主题为"看清未来:大美好时代"。

8日　　交通运输新型智库联盟成立大会在北京召开。

8日—9日　　美中关系委员会与北京大学国家发展研究院在美国纽约联合举办"2020年中美经济二轨对话"及"中国经济2020年展望论坛"。

13日　　由中国南海研究院和斯里兰卡探路者基金会联合主办的"'一带一路'与印太战略:机遇与挑战"国际研讨会在斯里兰卡首都科伦坡成功召开。

14日　　由中国国务院新闻办公室、缅甸外交部、中国外文局、中国驻缅甸使馆联合主办的"当代中国与世界——中缅智库对话会"在缅甸仰光举行,对话会主题为"赋能新时代中缅关系"。

14日—15日　　由商务部国际贸易经济合作研究院、世界贸易组织(WTO)和国家知识产权局知识产权发展研究中心主办的"全球贸易与知识产权创新论坛"在广州召开,论坛主题为"平台经济与知识产权保护"。

2月

14日　　中央全面深化改革委员会审议通过了《关于深入推进国家高端智库建设试点工作的意见》。

3月

2日　　经中央全面深化改革委员会第十二次会议审议批准,中共中央宣传部正式公布新增的5家国家高端智库建设试点单位名单，分别为浙江大学区域协调发展研究中心、北京师范大学中国教育与社会发展研究院、中国财政科学研究院、中国科学技术发展战略研究院、中国国际问题研究院。

30日　　由中国外文局主办的"当代中国与世界——抗击疫情国际智库云论坛"在北京举办。

4月

14日　　新华日报《智库周刊》创刊，"交汇点·智库"频道同步上线。

5月

17日　　上海社会科学院在线发布《2019年中国智库报告》，并召开"国家治理现代化中的智库建设"研讨会。

27日　　由中国外文局、俄罗斯报社、俄罗斯科学院远东研究所联合主办的"当代中国与世界——抗击疫情提振经济"中俄媒体智库云论坛在北京举行。

6月

9日　　中国国际经济交流中心与国内外9家智库共同主办了主题为"加强全球抗疫合作构建人类命运共同体"的"全球智库抗疫合作云论坛"。

24日　中国科协、天津市政府、南开大学等相关部门,共建数字经济研究中心。

29日—30日　中国南海研究院和美国美中关系全国委员会联合举办线上"中美海上事务与国际法二轨对话"。

8月

10日　"2020中国科技智库论坛"在北京召开,论坛主题为"构建具有全球竞争力的创新人才治理体系"。

17日　昆明市委办公室、市政府办公室印发《昆明市新型智库建设管理办法(试行)》。

26日　在成都举行的"2020新经济大会"上,成渝高质量发展智库联盟成立。

同日　广西壮族自治区党委办公厅、自治区政府办公厅印发《关于推进广西高端智库建设试点工作的实施意见》。

31日　"一带一路"智库合作联盟以"超越意识形态差异,共建人类命运共同体"为主题举办"国际高端智库云端论坛"。

9月

18日　陕西智库联盟成立大会暨首届"三秦智库论坛"在西安举行。

19日　2020中关村论坛全球科技创新智库论坛在北京召开,"中关村全球高端智库联盟"成立。

23日—24日　由中国国际经济交流中心主办的第六届"全球智

库峰会"以线上形式举行。本届峰会围绕"战胜疫情，携手共进"主题展开讨论。中共中央政治局委员、中宣部部长黄坤明在北京主会场作视频致辞。

25日　以"'十四五'科技创新与中部崛起"为主题的"2020江西智库峰会"暨国家级大院大所产业技术进江西活动在南昌举行。

同日　由广东省社会科学界联合会、广东省社会科学院等单位联合举办的第九届"中国南方智库论坛"在广州召开，会议主题为"疫情防控与社会治理现代化"。

28日　中国社会科学院与俄罗斯国际事务委员会共同举办主题为"上海合作组织参与地区治理：新理念、新平台"国际视频会议。

10月

10日　由民盟中央、上海社会科学院与民盟上海市委共同主办的以"文化创新：在自觉中前行"为主题的第十一届"民盟文化论坛"在上海举办。

14日—16日　"2020全国城市社科院第30次院长联席会议暨全国城市智库联盟第六届年会"在郑州召开，会议主题为"加快智慧城市建设，推进城市治理体系和治理能力现代化"。

16日　由中央党校（国家行政学院）与联合国经济和社会事务部联合举办的首届"发展中国家国家治理高端智库论坛"在北京召开，论坛主题为"反贫困的中国经验——加强公共机构在消除贫困和实现可持续发展方面的作用"。

28日　上海市科学学研究所主办的"浦江创新论坛——2020科技创新智库国际研讨会"在上海举行。

30日—11月1日　第四届"长三角—珠三角党校智库合作联盟论坛"暨"促进市域社会治理现代化高质量发展"理论研讨会在浙江红船干部学院举行。

11月

1日—2日　由中国科学院科技战略咨询研究院与上海社会科学院智库研究中心共同主办的首届智库理论方法暨DIIS研讨会在北京举行。

6日　"中非智库论坛第九届会议"在浙江师范大学非洲研究院举行，会议主题为"中非合作论坛20周年：回顾与展望"。

7日　华中师范大学国家教育治理研究院、长江教育研究院和中关村互联网教育创新中心共同主办的第五届"教育智库与教育治理50人圆桌论坛"在北京举行，论坛主题为"后疫情时代的教育智库与教育治理"。

11日　中国社会科学院和国务院国资委签署战略合作框架协议，联合组建中国社会科学院国有经济研究智库，并举办首届"国有经济研究峰会"。

12日　以"数字新生态社会云治理"为主题的第四届"互联网大数据与社会治理"南京智库峰会开幕。

16日　由深圳市委党校、市社科院、综合开发研究院等深圳51家智库机构组成的深圳智库联盟成立。

同日　由中国国际经济交流中心、彭博有限合伙企业、英国国际战略研究所和南非曼德拉发展研究院共同举办的2020年"创新经济论坛"线上视频会议开幕，论坛主题是"共建创新经济，同享普惠未来"。

中国国家副主席王岐山出席论坛开幕式并发表视频主旨演讲。

17日—19日　　国务院新闻办公室、新华通讯社和浙江省人民政府在浙江湖州联合主办"中国治理的世界意义"国际论坛。

22日　　首届"国际中文教育发展智库论坛"暨国际中文教育发展智库联合体揭牌仪式在北京举行。

24日　　由全球化智库主办的第五届"中国全球智库创新年会"在北京举办。

26日　　2020年"中国—东盟大学（国别与区域研究）智库联盟论坛"视频会议在广西大学举行。论坛由"一带一路"智库合作联盟、中国东盟协会主办。

同日　　"中国（浙江）自由贸易试验区建设推进大会"在杭州召开，中国（浙江）自由贸易试验区智库合作联盟成立。

27日　　"丝路城市体育文化"智库论坛暨丝路体育文化委员会成立大会在贵阳举行。

同日　　由中国人民对外友好协会、云南省政府主办，昆明市政府、云南省人民对外友好协会承办的第九届"中国－南亚国际文化论坛"系列活动之"人文智库对话"在线上举行。

28日　　以"疫情下的共建'一带一路'"为主题的第四届"一带一路"与全球治理国际论坛在复旦大学举行，论坛由复旦大学与中共中央对外联络部"一带一路"智库合作联盟联合主办。

12月

4日　　由中共海南省委宣传部、中共海南省委自贸港工委办指导、海南省社科联（社科院）主办的"2020中国自贸智库论坛"在海南文昌开幕。

5日　"'十四五'规划与思想强国——第三届中国智库国际影响力论坛暨第六届新型智库建设学术研讨会"在中国人民大学举办。

8日　由河南省委宣传部主办、省社科院承办的第二届"中原智库年会"在郑州举行。

10日　由江苏省委宣传部、省社科联主办，东南大学承办的第五届"江苏智库峰会"在南京举行。

16日　由新华社和韩国"一带一路"研究院共同举办的"中韩智库媒体对话"通过视频方式举行。

18日　"广东智库联盟2020年会"在中国（深圳）综合开发研究院举行，此次年会的主题是"改革先行先试创新引领发展"。

19日　由南京大学、光明日报社主办的"2020新型智库治理暨思想理论传播论坛"在南京举行，会议主题为"助力'十四五'智库新作为"。

21日　"全国党建研究会高端智库建设工作座谈会"在海南召开。

22日　由中国南海研究院和海南省社科联、海南省社科院联合举办的"中国（海南）—东盟2020智库论坛"在海口举行，论坛主题为"联动大湾区，面向东南亚：海南自贸港参与'双循环'的思路与路径"。

29日　由中国外文局主办，人民画报社、当代中国与世界研究院共同承办的"当代中国与世界：中印智库云论坛"在北京举行，云论坛的主题是"携手促进中印经济合作与人文交流"。

全国部分省份重点智库、培育智库名单[①]

一、江 苏 省

2015年,江苏省委宣传部为10家首批重点智库挂牌。2016年确定了16家重点培育智库。2020年,江苏省委宣传部发布了新增省重点高端智库和重点培育智库通知,公布了12家重点智库、17家重点培育智库。

重点高端智库:

 1. 江苏紫金传媒智库

 2. 区域现代化研究院(江苏省社科院)

 3. 中国特色社会主义发展研究院(东南大学)

 4. 中国法治现代化研究院(南京师范大学)

 5. 长江产业经济研究院(南京大学)

 6. 金善宝农业现代化研究院(南京农业大学)

[①] 该名单收集时间截至2021年12月。

7. 紫金文创研究院（南京艺术学院）

8. 南京大屠杀史与国际和平研究院（南京大学）

9. 道德发展智库（东南大学）

10. 大运河文化带建设研究院

11. 江苏长江经济带研究院

12. 江苏省苏科创新战略研究院

重点培育智库：

1. 扬子江创新型城市研究院

2. 长三角文化产业发展研究院

3. 南京农业大学中国资源环境与发展研究院

4. 苏北发展研究院

5. 苏州大学东吴智库

6. 气候与环境治理研究院

7. 教育现代化研究院

8. 江苏党的建设理论与实践创新研究院

9. 江苏人才发展战略研究院

10. 现代服务业智库

11. 江苏师范大学"一带一路"研究院

12. 沿海发展智库

13. 健康江苏研究院

14. 江南大学食品安全风险治理研究院

15. 江苏省公共安全研究院

16. 江苏师范大学语言能力高等研究院

17. 南京邮电大学高质量发展评价研究院

二、湖 南 省

2015年,湖南省委办公厅、省政府办公厅发文公布了7家省级重点智库,分别为:

1. 湖南省社会科学院
2. 湖南省政府发展研究中心
3. 湖南省委党校(湖南行政学院)
4. 国防科技大学
5. 中南大学
6. 湖南大学
7. 湖南师范大学

三、吉 林 省

2015年,吉林省委、省政府发布了《关于加强吉林新型智库建设的实施意见》,公布了8家重点建设新型智库试点单位,分别为:

1. 吉林省委党校
2. 吉林省委政研室
3. 吉林省委财经办
4. 吉林省政府发展研究中心
5. 吉林省社科院
6. 吉林省科协
7. 吉林大学
8. 东北师范大学

四、安　徽　省

2016年,安徽省委宣传部公布了10家重点智库和5家重点培育智库名单。

重点智库:

1. 中共安徽省委党校党的建设与国家治理研究院
2. 安徽省政府发展研究中心安徽发展战略研究中心
3. 安徽省社会科学院区域现代化研究院
4. 安徽省循环经济研究院
5. 合肥工业大学安徽科技与产业发展研究院
6. 安徽大学创新发展研究院
7. 安徽农业大学安徽农业现代化研究院
8. 安徽财经大学安徽经济发展研究院
9. 安徽师范大学安徽文化发展研究院
10. 中国科学技术大学安徽科技创新与区域发展研究中心

重点培育智库:

1. 安徽省经济研究院(省发改委直属事业单位)
2. 安徽行政学院安徽省公共政策研究评估中心
3. 安徽省发展战略研究会
4. 安徽工业大学安徽创新驱动发展研究院
5. 安徽中医药大学安徽中医药发展研究中心

五、湖 北 省

2016年,湖北省委宣传部公布了11家省重点智库,分别为:

1. 湖北省社会科学院
2. 湖北发展战略研究院
3. 湖北省党建研究院(湖北省委党校)
4. 湖北创新发展研究院(武汉理工大学)
5. 湖北生态文明建设研究院(华中农业大学)
6. 湖北全面小康研究院(中南民族大学)
7. 湖北县域治理研究院(湖北大学)
8. 湖北文化建设研究院(湖北大学)
9. 湖北政治建设研究院(武汉大学)
10. 湖北省地方治理研究院(华中科技大学)
11. 湖北经济建设研究院(中南财经政法大学)

六、河 北 省

2017年,河北省委宣传部公布了9家重点新型智库及9家重点培育智库单位。

重点新型智库:

1. 京津冀协同发展研究中心(河北省社会科学院)
2. 河北省三农问题研究中心(河北农业大学)
3. 河北省公共政策评估研究中心(燕山大学)
4. 长城文化安全研究中心(河北师范大学)

5. 河北省文化产业发展研究中心(河北大学)

6. 河北省道德文化与社会发展研究中心(河北经贸大学)

7. 河北省健康发展研究中心(河北医科大学)

8. 河北省生态与环境发展研究中心(河北大学)

9. 河北省党的建设研究中心(河北省委党校)

重点培育智库:

1. 河北省发改委宏观经济研究所(省发改委)

2. 河北省财政科学与政策研究所(省财政厅)

3. 河北工业大学京津冀发展研究中心(河北工业大学)

4. 现代服务与公共政策软科学研究基地(河北师范大学)

5. 河北金融学院德融研究院(河北金融学院)

6. 河北省城市传播研究院(河北大学)

7. 河北省营商环境研究中心(河北省委党校)

8. 中华优秀传统文化传承与发展研究中心(河北师范大学)

9. 河北省设计创新及产业发展研究中心(燕山大学)

七、云南省

2017年,云南省委宣传部立项建设首批30家综合性和专业化智库,分别为:

1. 中共云南省委政策研究室

2. 中共云南省委党校(云南行政学院)

3. 云南省人民政府发展研究中心

4. 云南省党的建设研究会(中共云南省委组织部)

5. 云南省宏观经济研究院(云南省发展和改革委员会)

6. 云南省科学技术发展研究院(云南省科技厅)

7. 云南省环境科学研究院(云南省环保厅)

8. 云南省社会科学院(中国〈昆明〉南亚东南亚研究院)

9. 云媒智库(云南日报报业集团)

10. 云南省中国特色社会主义理论体系研究中心(云南省社会科学界联合会)

11. 云南省特色产业促进会(政协云南省委员会办公厅)

12. 云南新型教育智库(云南师范大学)

13. 云南省民族政治与边疆治理智库(云南大学)

14. 云南大学缅甸研究院(云南大学)

15. 云南开放经济与产业发展智库(云南大学)

16. 政府治理与公共政策研究中心(云南大学)

17. 云南大学文化发展研究院(云南大学)

18. 云南生态文明建设智库(云南大学)

19. 中国西南对外开放与边疆安全研究中心(云南师范大学)

20. 地方财政与公共治理研究中心(云南财经大学)

21. 印度洋地区研究院(云南财经大学)

22. 云南省防灾减灾智库(云南财经大学)

23. 少数民族与民族地区发展智库(云南民族大学)

24. 云南综合交通发展与区域物流管理智库(昆明理工大学)

25. 健康云南发展智库(昆明医科大学、昆明医科大学第一附属医院)

26. 云南农业发展智库(云南农业大学、云南省农业科学院)

27. 西南绿色发展研究院(西南林业大学)

28. 云南省禁毒研究中心(云南警官学院)

29. 云南宗教治理智库(大理大学)
30. 中国特色民族团结进步事业智库(滇西科技师范学院)

八、广 东 省

2017年,广东省委宣传部发布15家重点智库名单,分别为:
1. 粤港澳大湾区研究院
2. 广东省省情调查研究中心
3. 环境保护部华南环境科学研究所
4. 广东亚太创新经济研究院
5. 自贸区综合研究院(中山大学)
6. 政府绩效评价中心(华南理工大学)
7. 国家农业制度与发展研究院(华南农业大学)
8. 地方治理与公共政策研究中心(中山大学)
9. 广东省社会治理研究中心(华南理工大学)
10. 广东党的建设研究院(华南师范大学)
11. 广东制造业大数据创新研究中心(广东工业大学)
12. 广东国际战略研究院(广东外语外贸大学)
13. 华南商业智库(广东财经大学)
14. 华南创新金融研究院(广东金融学院)
15. 文化产业研究院(深圳大学)

九、黑 龙 江 省

2017年,黑龙江省委宣传部设立20家重点智库,分别为:

1. 黑龙江省社会科学院东北亚战略研究院
2. 黑龙江省社会科学院黑龙江社会发展与地方治理研究院
3. 黑龙江省委党校黑龙江区域经济发展研究中心
4. 黑龙江省委党校黑龙江省党建研究中心
5. 黑龙江省科学技术情报研究院龙江科技创新战略情报智库
6. 黑龙江省冰雪产业研究院
7. 黑龙江当代中俄区域经济研究院中俄区域经济研究智库
8. 大数据与决策分析研究中心(哈尔滨工业大学)
9. 黑龙江省双创智库(哈尔滨工业大学)
10. 新媒体与意识形态安全智库(哈尔滨师范大学)
11. 中俄文化艺术交流与合作研究中心(哈尔滨师范大学)
12. 龙江振兴发展研究中心(黑龙江大学)
13. 黑龙江省文化发展战略研究中心(黑龙江大学)
14. 黑龙江省人口经济与人才发展战略研究中心(哈尔滨理工大学)
15. 资源型城市可持续发展研究中心(黑龙江科技大学)
16. 黑龙江省公共健康安全及医改策略研究智库(哈尔滨医科大学)
17. 黑龙江省生态文明建设与绿色发展智库(东北林业大学)
18. 黑龙江区域创新驱动发展研究中心(哈尔滨工程大学)
19. 现代农业发展研究中心(东北农业大学)
20. 公共政策与现代服务业创新智库(哈尔滨商业大学)

十、四 川 省

2017年,四川首批新型智库名单公布,新型智库建设领导小组成立。领导小组办公室设在省委政研室,共有九大类22个智库入选。

战略谋划类：

  1. 新时代省情与发展战略研究智库（四川省社科院）

  2. 发展战略与宏观经济研究智库（四川省经济发展研究院）

区域发展类：

  3. 区域协调发展与多点多极研究智库（西南财经大学）

  4. 经济区发展与重大生产力布局研究智库（四川师范大学）

  5. 民族宗教事务研究智库（西南民族大学）

创新驱动类：

  6. 军民融合发展研究智库（中国工程物理研究院/西南科技大学）

  7. 现代产业与创新发展研究智库（中国科学院成都情报文献中心）

农业农村类：

  8. 乡村振兴战略研究智库（四川省社科院）

  9. 农业农村改革发展研究智库（四川农业大学）

改革开放类：

  10. 国有企业改革与发展研究智库（四川大学）

  11. 对外开放与合作研究智库（四川大学）

  12. 现代金融服务于创新研究智库（西南财经大学）

社会建设类：

  13. 社会事业和社会保障研究智库（电子科技大学）

  14. 社会治理与公共政策研究智库（四川大学）

文化建设类：

  15. 中华优秀传统文化传承与文化产业事业发展研究智库（四川省社科院）

政治建设类：

  16. 党的建设研究智库（四川省委党校/四川行政学院）

17. 依法治省研究智库（四川省委党校/四川行政学院）

18. 党内法规研究智库（四川省委党校/四川行政学院）

19. 统一战线研究智库（四川省社会主义学院）

生态文明建设类：

20. 生态保护与环境治理研究智库（中国科学院成都分院）

21. 自然灾害应急管理与灾后重建研究智库（四川大学）

22. 自然灾害防治与地质环境保护研究智库（成都理工大学）

十一、宁夏回族自治区

2017年，宁夏回族自治区党委宣传部公布第一批3家自治区级重点智库，分别为：

1. 宁夏社会科学院

2. 宁夏区委党校（宁夏行政学院）

3. 宁夏大学

十二、内蒙古自治区

2017年，内蒙古自治区党委宣传部发布《内蒙古自治区党委宣传部关于确定首批高端智库试点单位的通知》，确立6家首批高端智库试点单位，分别为：

1. 内蒙古自治区发展研究中心

2. 蒙古学研究中心（内蒙古大学）

3. 内蒙古农牧林业经济研究中心（内蒙古农业大学）

4. 中蒙俄经贸合作与草原丝绸之路经济带构建研究协同创新中

心(内蒙古财经大学)

5. 草原文化研究中心(内蒙古社会科学院)

6. 内蒙古北辰智库研究中心

十三、浙江省

2018年,浙江省社会科学界联合会哲学社会科学发展规划领导小组公布了13家重点专业智库、8家重点培育智库。

重点专业智库:

1. 浙江大学公共政策研究院
2. 浙江大学中国农村发展研究院
3. 浙江大学区域协调发展研究中心
4. 浙江工业大学中国中小企业研究院
5. 浙江师范大学非洲研究院
6. 宁波大学东海研究院
7. 杭州电子科技大学浙江省信息化发展研究院
8. 浙江工商大学浙商研究院
9. 浙江财经大学政府监管与公共政策研究院
10. 中共浙江省委党校全面从严治党研究中心
11. 浙江省社会科学院发展战略和公共政策研究院
12. 浙江省发展规划研究院浙江区域高质量发展战略研究中心
13. 杭州国际城市学研究中心 浙江省城市治理研究中心

重点培育智库:

1. 浙江省标准化智库(浙江省标准化研究院)
2. 智江南智库(浙江省科技信息研究院、浙江省科技发展战略研

究院）

3. 浙江省工业和信息化研究院之江产经智库

4. 浙江大学金融研究院

5. 浙江工业大学浙江省舆情研究中心

6. 浙江师范大学边疆研究院

7. 浙江农林大学浙江省乡村振兴研究院

8. 浙江省文化产业创新发展研究院（浙江省文化产业促进会、浙江工商大学）

十四、山 东 省

2018年，山东省确定首批15家重点新型智库建设试点单位。新型智库建设以省委宣传部牵头的联席会议制度作为领导机构，联席会议下设秘书处，负责联席会议的日常管理，秘书处设在省社科规划办。

15家重点新型智库试点单位分别为：

1. 中共山东省委党校

2. 山东社会科学院

3. 山东省科学院

4. 山东省宏观经济研究院

5. 山东大学山东区域金融改革与发展研究中心

6. 山东大学卫生管理与政策研究中心

7. 中国海洋大学海洋发展研究院

8. 山东农业大学山东省"三农"省情调研中心

9. 山东师范大学山东基础教育发展与政策研究中心

10. 曲阜师范大学中国教育大数据研究院

11. 济南大学山东龙山绿色经济研究中心

12. 聊城大学太平洋岛国研究中心

13. 山东财经大学山东财经战略研究院

14. 鲁信发展研究院（鲁信投资控股集团）

15. 山东省民意调查中心

十五、辽宁省

2018年，辽宁省决咨委认定了27家辽宁省首批省级重点新型智库。其中，综合智库9家、专业智库12家、科技智库6家。

综合智库：

1. 辽宁社会科学院

2. 中共辽宁省委党校（辽宁省行政学院、辽宁省社会主义学院）

3. 辽宁省人民政府发展研究中心

4. 辽宁省信息中心

5. 东北财经大学经济与社会发展研究院

6. 中国东北振兴研究院

7. 辽宁大学东北振兴研究中心

8. 辽宁振兴发展研究中心

9. 辽宁省情研究中心

专业智库：

1. 朝鲜半岛研究中心（辽宁社科院）

2. 东北财经大学产业组织与企业组织研究中心

3. 辽宁抗战文化研究中心

4. 辽宁师范大学海洋经济可持续发展研究中心

5. 辽宁财政经济 30 人论坛

6. 辽宁自由贸易区研究基地(沈阳工业大学)

7. 辽宁农业农村现代化研究基地(沈阳农业大学)

8. 辽宁省财政科学研究所

9. 辽宁省新型城镇化与城乡发展研究中心

10. 政府绩效评估教研中心(辽宁省委党校)

11. 辽宁社科院文化发展战略研究中心

12. 大连理工大学教育评价与发展战略研究中心

科技智库:

1. 辽宁省农业科学院

2. 辽宁省工业和信息科学研究院

3. 沈阳航空航天大学通用航空产业发展研究中心

4. 辽宁省乡村建设发展模式与绿色宜居技术创新智库(沈阳建筑大学)

5. 大连理工大学科技创新创业与产业转型研究中心

6. 大连理工大学工业 VOCs 治理与综合利用研究智库

十六、江 西 省

2018 年,江西省委宣传部公布了首批 17 家省级重点智库建设试点单位名单。经过 3 年试点,2021 年 8 月 23 日,江西省委宣传部下发《关于公布省级重点高端智库、重点培育智库名单的通知》,正式确定 10 家智库为首批省级重点高端智库,5 家智库为省级重点培育智库。

省级重点高端智库：

1. 高质量发展研究中心（江西省发改委）

2. 现代服务业发展研究院（江西经济管理干部学院）

3. 科技创新战略研究院（江西科学院）

4. 文化强省建设研究中心（江西社科院）

5. 区域发展研究院（江西师范大学）

6. 军民融合与航空发展研究院（南昌航空大学）

7. 现代产业发展研究院（江西财经大学）

8. 乡村振兴战略研究院（江西农业大学）

9. 中国陶瓷发展研究院（景德镇陶瓷大学）

10. 有色金属产业发展研究院（江西理工大学）

省级重点培育智库：

1. 高铁发展研究中心（华东交通大学）

2. 苏区振兴研究院（江西师范大学）

3. 新时代党建创新与江西实践研究所（江西省委党校）

4. 生态文明研究院（江西财经大学）

5. 中医药与大健康发展研究院（江西中医药大学）

十七、北 京 市

2018年，北京市委宣传部印发《首都高端智库试点单位建设管理办法》，确定首批14家首都高端智库建设试点单位。

1. 北京市社会科学院

2. 北京市委党校（北京行政学院）

3. 北京大学首都发展研究院

4. 清华大学城市治理与可持续发展研究院

5. 中国人民大学首都发展与战略研究院

6. 首都文化创新与文化传播工程研究院（北京师范大学、北京市社科联）

7. 对外经济贸易大学北京对外开放研究院

8. 北京交通大学北京综合交通发展研究院

9. 首都经济贸易大学特大城市经济社会发展研究院

10. 北京科技战略决策咨询中心（北京市科学技术研究院）

11. 北京市经济信息中心（北京市发展改革委）

12. 北京市中国特色社会主义理论体系研究中心（北京市委宣传部）

13. 北京市党建研究会（北京市委组织部）

14. 千龙智库（北京市委宣传部）

十八、上 海 市

2020年，上海市委宣传部公布了15家重点智库、10家重点培育智库名单。

重点智库：

1. 上海国际问题研究院

2. 上海市人民政府发展研究中心

3. 复旦大学发展研究院

4. 上海社会科学院世界中国学研究所

5. 上海市发展改革研究院

6. 同济大学城市发展与管理研究基地

7. 上海交通大学中国城市治理研究院

8. 上海科学技术情报研究所

9. 中共上海市委党校政府治理现代化研究智库

10. 中国浦东干部学院中国特色社会主义研究院

11. 上海财经大学中国自由贸易试验区协同创新中心

12. 华东师范大学国家教育宏观政策研究院

13. 上海大学基层治理创新研究中心

14. 第一财经研究院

15. 上海中医药大学中医药国际化发展研究中心

重点培育智库：

1. 上海市科学学研究所

2. 上海市教育科学研究院

3. 上海自然资源研究中心

4. 福卡智库

5. 上海金融与发展实验室

6. 华东政法大学中国法治战略研究中心

7. 上海国有资本运营研究院

8. 上海外国语大学多语种国际舆情与话语研究智库

9. 上咨经济发展研究院

10. 上海体育学院体育科学创新研究院

十九、广西壮族自治区

2020年，广西壮族自治区党委办公厅、自治区政府办公厅印发《关于推进广西高端智库建设试点工作的实施意见》，确定11家智库单位为广西首批高端智库建设试点单位、20家智库单位为广西首批高端智库建设培育单位。

高端智库建设试点单位：

1. 自治区人民政府发展研究中心

2. 广西社会科学院

3. 自治区党校(广西行政学院)

4. 自治区人民政府参事室(文史研究馆)

5. 广西科学院

6. 广西大学中国—东盟研究院

7. 广西师范大学广西人文社会科学发展研究中心

8. 广西民族大学广西中华民族共同体意识研究院

9. 广西中医药大学中国-东盟传统医药发展研究院

10. 广西财经学院广西金融与经济研究院

11. 广西创领科技咨询有限公司

高端智库建设培育单位：

1. 自治区科学技术协会

2. 广西宏观经济研究院

3. 广西海洋研究院

4. 广西经济社会技术发展研究所

5. 广西大学广西创新发展研究院

6. 广西大学财政金融研究中心

7. 广西师范大学广西民族教育发展研究中心

8. 广西医科大学卫生与健康政策研究中心

9. 广西民族大学中国-东盟研究中心

10. 桂林电子科技大学广西战略性新兴产业发展研究中心

11. 南宁师范大学人文社会科学发展研究中心

12. 广西财经学院海上丝绸之路与广西区域发展研究院

13. 广西乡村振兴战略研究会

14. 广西宏观经济学会

15. 广西青年智库研究会

16. 广西社会道德文化研究会

17. 广西专家顾问咨询中心

18. 广西日报-桂声智库

19. 中国能源建设集团广西电力设计研究院有限公司

20. 华蓝设计(集团)有限公司

二十、福 建 省

2020年,福建省新型智库建设工作领导小组发布《福建省新型智库建设工作领导小组关于第一批福建省重点智库建设试点单位的通知》,确定了全省15家机构作为第一批福建省重点智库建设试点单位,分别为：

1. 福建省人民政府发展研究中心

2. 福建省社会科学院

3. 福建省委党校

4. 福建省科技发展战略智库

5. 福建省政府投资项目评审中心

6. 福建省电子信息集团应用技术研究院

7. 国网福建省电力有限公司经济技术研究院

8. 兴业证券经济与金融研究院

9. 厦门大学台湾研究院

10. 厦门大学中国（福建）自贸区研究院

11. 华侨大学华侨华人研究院

12. 华侨大学城市建设与经济发展研究院

13. 福州大学数据要素转化推进中心

14. 福建师范大学综合竞争力与国家发展战略研究院

15. 福建农林大学集体林改发展与生态环境保护中心

二十一、重 庆 市

2020年，重庆市委宣传部公布了11家重点智库、11家培育智库名单。

重点智库：

1. 西南政法大学人权研究院（国家高端智库建设培育单位）

2. 西南政法大学总体国家安全观研究院

3. 重庆市综合经济研究院重庆统筹城乡发展研究中心

4. 重庆工商大学长江上游经济研究中心

5. 西南大学教育政策研究所

6. 重庆师范大学重庆文化发展研究院

7. 重庆邮电大学数字经济国际合作与创新发展中心

8. 重庆社会科学院生态安全与绿色发展研究中心

9. 中共重庆市委党校重庆市党建研究所

10. 西南政法大学中国东盟法律研究中心

11. 西南大学"一带一路"文化研究院

培育智库：

1. 中共重庆市委党校重庆经济社会发展研究所

2. 西南政法大学中国特色金融法治智库

3. 西南大学意识形态安全与文化发展战略研究院

4. 西南大学民族研究院

5. 重庆大学可持续发展研究院

6. 重庆医科大学公共卫生安全研究中心

7. 重庆邮电大学信息产业合作研究中心

8. 长江师范学院武陵山区绿色发展新型智库

9. 重庆国际投资咨询集团有限公司重咨智库研究中心

10. 重庆大学城乡建设与发展研究院

11. 重庆市生产力发展中心

二十二、贵州省

2019年,贵州省委宣传部发布首批4家新型特色智库资助名单。2021年,贵州省委宣传部发布第二批4家新型特色智库资助名单,共计8家新型特色智库。

1. 国家治理体系和治理能力现代化地方实践高端智库(贵州省社会科学院)

2. 贵州基层社会治理创新高端智库(贵州大学)

3. 贵州绿色发展战略高端智库(贵州财经大学)

4. 贵州发展制度保障高端智库(中共贵州省委党校)

5. 新发展理念与多党合作高端智库(贵州省社会主义学院)

6. 中国共产党人"心学"与推进党的建设新的伟大工程高端智库(贵州大学)

7. 马克思主义中国化"两个结合"的地方实践推动高端智库(贵州

师范大学）

8. 中华民族共同体与多民族文化繁荣发展高端智库（贵州民族大学）

二十三、河 南 省

2021年，河南省委宣传部印发《关于加强河南省重点智库和特色智库建设的意见》，其中省重点智库6家（含重点培育1家）、省特色智库7家（含重点培育1家）。

省重点智库：

1. 中共河南省委党校（河南行政学院）
2. 河南省社科院
3. 社会治理河南省协同创新中心（郑州大学）
4. 黄河文明与可持续发展研究中心（河南大学）
5. 政府经济发展与社会管理创新研究中心（河南财经政法大学）
6. 中原经济发展研究院（重点培育智库）

省特色智库：

1. 河南省农村经济发展软科学研究基地（河南农业大学）
2. 航空经济发展河南省协同创新中心（郑州航空工业管理学院）
3. 河南省创新驱动发展研究院（郑州大学）
4. 粮食经济研究中心（河南工业大学）
5. 中国外交话语研究院（郑州大学）
6. 中医药与经济社会发展研究中心（河南中医药大学）
7. 中国（河南）自由贸易试验区研究院（河南财经政法大学、省商务厅）（重点培育智库）

二十四、海 南 省

2021年,根据海南省委人才工作委员会印发的《海南省新型智库建设管理办法》和海南省委宣传部、海南省社会科学界联合会联合印发的《海南省重点新型智库建设管理实施细则》精神要求,经海南省社会科学界联合会党组审定,认定7家智库为海南省重点新型智库。

1. 中国南海研究院
2. 中国(海南)改革发展研究院
3. 海南省社会科学院
4. 海南大学海南省开放型经济研究院
5. 海南师范大学海南教育改革与发展研究院
6. 海南医学院"全健康"研究中心
7. 海南国家公园研究院

图书在版编目(CIP)数据

中国特色新型智库高质量发展实践：中国智库报告：2018—2020 / 唐涛等著 . — 上海：上海社会科学院出版社，2022
 ISBN 978-7-5520-3960-3

Ⅰ.①中… Ⅱ.①唐… Ⅲ.①咨询机构—研究报告—中国—2018—2020 Ⅳ.①C932.82

中国版本图书馆 CIP 数据核字(2022)第 169125 号

中国特色新型智库高质量发展实践
——中国智库报告(2018—2020)

著　　者：唐　涛　杨亚琴　李　凌　等
出 品 人：佘　凌
责任编辑：董汉玲
封面设计：裘幼华
出版发行：上海社会科学院出版社
　　　　　上海顺昌路 622 号　邮编 200025
　　　　　电话总机 021-63315947　销售热线 021-53063735
　　　　　http://www.sassp.cn　E-mail: sassp@sassp.cn
排　　版：南京展望文化发展有限公司
印　　刷：上海万卷印刷股份有限公司
开　　本：720 毫米×1010 毫米　1/16
印　　张：12
插　　页：2
字　　数：148 千
版　　次：2022 年 9 月第 1 版　2022 年 9 月第 1 次印刷

ISBN 978-7-5520-3960-3/C·219　　　　　　定价：65.00 元

版权所有　翻印必究